基于职业教育视角的
中国旅游人才供给与需求
研究报告
（2018）

全国旅游职业教育教学指导委员会 ◎ 主编

北京·旅游教育出版社

责任编辑：刘彦会

图书在版编目（CIP）数据

基于职业教育视角的中国旅游人才供给与需求研究报告. 2018 / 全国旅游职业教育教学指导委员会主编. -- 北京：旅游教育出版社，2019.4

　ISBN 978-7-5637-3930-1

Ⅰ.①基… Ⅱ.①全… Ⅲ.①旅游教育－人才需求－研究报告－中国－2018 Ⅳ.①F592

中国版本图书馆CIP数据核字(2019)第062792号

基于职业教育视角的中国旅游人才供给与需求研究报告（2018）
全国旅游职业教育教学指导委员会　主编

出版单位	旅游教育出版社
地　　址	北京市朝阳区定福庄南里1号
邮　　编	100024
发行电话	（010）65778403　65728372　65767462（传真）
本社网址	www.tepcb.com
E - mail	tepfx@163.com
排版单位	北京旅教文化传播有限公司
印刷单位	北京虎彩文化传播有限公司
经销单位	新华书店
开　　本	787毫米×1092毫米　1/16
印　　张	8.375
字　　数	143千字
版　　次	2019年4月第1版
印　　次	2019年4月第1次印刷
定　　价	52.00元

（图书如有装订差错请与发行部联系）

基于职业教育视角的中国旅游人才供给与需求研究报告（2018）编委会

编委会主任：计金标

编委会成员：韩玉灵　周春林　康　年　陆春阳　王昆欣
　　　　　　　董家彪　杨　结　郭　沙　郑成军　李朋波

执行主编：操　阳

编　　者：苏　炜　王新宇　张晓玲　宋　波　王国栋
　　　　　　金丽娇　张　骏　崔英芳　李俊楼　杨志国
　　　　　　张芝敏　刘晓杰　张海琳　郎富平

序

习近平指出：办好中国的事情，关键在党，关键在人，关键在人才。综合国力竞争说到底是人才竞争。伴随着我国经济的发展、人民生活水平的提高和对美好生活的向往，旅游业作为国民经济新的增长点，已全方位融入国家战略体系，其对发展经济、促进就业、增进人民幸福感等方面的综合功能日益提升，成为国民经济战略性支柱产业。2018年文化和旅游部的组建，加快了文旅融合的步伐，为中国旅游业高质量发展注入了强大的动能。如何有效利用教育资源科学培养与旅游业发展相契合的高素质的旅游人才队伍，成为旅游业高质量发展的关键问题，也成为当前政府、业界、学界亟待研究的重要课题之一。

为全面了解中国旅游人才需求与供给的现状，科学预测旅游人才的需求规模、岗位类别、知识结构和发展趋势，探寻适合旅游业发展的旅游人才培养路径和教育改革方向，根据教育部工作安排，在文化和旅游部支持下，全国旅游职业教育教学指导委员会（以下简称旅游教指委）组织开展了系列相关旅游专业人才供给与需求、旅游人才培养创新、旅游新业态人才培养等方面的课题研究。在此研究基础上，旅游教指委组成了以北京第二外国语学院校长、中国旅游人才发展研究院院长、全国旅游职业教育教学指导委员会副主任委员计金标教授牵头的专家咨询团队和以南京旅游职业学院副院长操阳教授牵头组成的课题团队。他们以旅游职业教育为起点和切入口，探索旅游业发展和人才供给与需求的相关问题，试图为全方位研究我国旅游人才供需积累可以借鉴的经验。

本报告分为主报告和分报告两部分展示目前的研究成果：第一部分，由南京旅游职业学院牵头成立课题组，通过建立东北（黑龙江旅游职业学院）、西北（宁夏工商职业技术学院）、西南（成都职业技术学院）、华南（桂林旅游学院）、华东（浙江旅游职业学院、南京旅游职业学院）等六个数据采集基地，从需求侧和供给侧两个角度，开展中国旅游企业人力资源状况调查和旅游职业院校人才培养状况调查，全面梳理我国旅游人才需求与供给现状，采用灰色预测、因子分析等方法对职业教育旅游人才需求规模与质量进行科学分析和预测，力求为旅游人才供给侧与需求侧改革提供参考依据；第二部分，由上海旅游高等专科学校校长康年教授牵头成立课题组，由国内知名会展研究专家、教育专家、会展企业专家组成研究智库，通过系统分析本行业技术技能人才需求情况和职业院校人才培养状况，为教育行政部门如何引导和规范职业院校开设会展专业提供政策决策建议与依据；为设置会展专业的职业院校的人才培养提供指导意见与建议；为会展企业与职业院校联合培养会展专业人才提供指导意见与建议。

全国旅游职业教育教学指导委员会充分发挥专家咨询团队和研究团队的作用，课题研究人员以高度负责的态度，克服重重困难，积极认真地开展研究工作，他们所在的学校给予了大力支持，为该报告的顺利出版提供了保障。作为全国首个基于职业教育视角的中国旅游人才需求与供给研究成果，本报告填补了国内该领域研究的空白，对于加快发展现代旅游职业教育，精准对接新时代旅游人才培养，提供了可资借鉴的成果。本报告得到文化和旅游部、北京第二外国语学院的指导和资金支持，感谢他们的鼎力相助！本报告也得到相关职业院校及其专家的大力支持，感谢参与本书研究的专家、学者的倾情付出！

我们的初衷是：期待通过我们的努力，能够基于旅游企业的人才需求，为专业设置、学科发展、人才培养提供有价值的指导。尽管如此，由于经验不足、积累有限加之获取有效数据的艰难，报告难免存在不足、尚有不尽如人意之处，敬请各位读者不吝赐教！

本书编委会

2019 年 5 月

目 录

第一部分　中国旅游人才供给与需求研究报告——职业教育视角 …………1

前　言 ………………………………………………………………………………3
第一章　中国旅游业发展概况 …………………………………………………5
　一、中国旅游业发展现状 …………………………………………………5
　二、中国旅游业发展问题 …………………………………………………8
　三、中国旅游业发展趋势 …………………………………………………9

第二章　需求侧调研：旅游企业人力资源状况 ………………………………12
　一、中国旅游企业发展概况 ………………………………………………12
　二、调研方案的设计与说明 ………………………………………………12
　三、被调查企业基本情况 …………………………………………………13
　四、旅游企业人力资源的基本情况 ………………………………………16
　五、调研结论 ………………………………………………………………22

第三章　供给侧调研：职业院校旅游类人才培养状况 ………………………24
　一、旅游院校的总体概况 …………………………………………………24
　二、调研方案的设计与说明 ………………………………………………25
　三、被调查学校基本情况 …………………………………………………25
　四、被调查学校人才培养的基本情况 ……………………………………26
　五、调研结论 ………………………………………………………………30

— 1 —

第四章 职业教育旅游类人才需求规模预测与分析 ………………………… 32
一、人才需求规模现状分析 ……………………………………………… 32
二、需求规模预测理论模型、计算工具及数据来源 …………………… 33
三、需求规模预测与分析 ………………………………………………… 36
四、小结 …………………………………………………………………… 44

第五章 旅游类人才岗位需求预测与质量要求分析 ………………………… 45
一、旅游类人才岗位需求的质量分析框架 ……………………………… 45
二、旅游人才质量词典指标体系的构建 ………………………………… 46
三、旅游企业岗位需求预测与人才质量要求分析 ……………………… 53
四、小结 …………………………………………………………………… 61

第六章 对策及建议 …………………………………………………………… 62
一、政策建议 ……………………………………………………………… 62
二、行业、企业建议 ……………………………………………………… 64
三、院校建议 ……………………………………………………………… 65

附录A 旅游企业人力资源状况调查问卷 …………………………………… 69
附录B 职业院校旅游人才培养状况调查问卷 ……………………………… 74
附录C 关于构建旅游人才质量指标体系的调研问卷 ……………………… 79

第二部分 会展行业人才需求与职业院校专业设置指导报告 ……………… 81

前 言 …………………………………………………………………………… 83

第一章 会展行业现状与发展趋势 …………………………………………… 85
一、会展行业发展基本情况和主要特点 ………………………………… 85
二、会展行业发展趋势与挑战 …………………………………………… 91
三、会展行业布局和重点区域发展状况 ………………………………… 93

第二章　会展行业技术技能人才队伍现状及需求分析 …………………… 98
一、会展行业技术技能人才现状和主要特点 ……………………………… 98
二、会展行业技术技能人才规划和需求情况 ……………………………… 103
三、行业企业职业岗位变化及技术技能人才培养的要求 ………………… 106

第三章　会展专业设置与人才培养状况 ………………………………… 109
一、职业院校会展类专业设置与招生就业状况 …………………………… 109
二、职业院校重点专业人才培养状况 ……………………………………… 112

第四章　行业技术技能人才需求与职业院校人才培养匹配分析 ……… 117
一、行业技术技能人才需求与职业院校专业设置匹配分析 ……………… 117
二、行业技术技能人才需求与职业院校人才培养质量匹配分析 ………… 117

第五章　职业院校专业设置的指导意见与政策建议 …………………… 119
一、行业技术技能人才供求面临的问题与挑战 …………………………… 119
二、职业院校专业设置的指导意见与政策建议 …………………………… 120

附录　课题研制组成员及单位 …………………………………………… 123

第一部分

中国旅游人才供给与需求研究报告——职业教育视角

项目编号：LZW201812
项目负责人：操 阳
依托单位：南京旅游职业学院

前　言

近年来，旅游业蓬勃发展，其国家经济社会发展的战略性支柱产业地位日益凸显，走向了国民经济建设的前沿。《"十三五"旅游业发展规划》明确提出，到2020年，旅游市场总规模将达到67亿人次，旅游投资总额2万亿元，旅游业总收入达到7万亿元。旅游业对国民经济的综合贡献度达到12%，对餐饮、住宿、民航、铁路客运业的综合贡献率达到85%以上，年均新增旅游就业人数100万人以上[1]。可见，"十三五"期间，我国旅游业将迎来新一轮的黄金发展期。

旅游业的大发展离不开旅游人才的有力支撑。旅游人才供给的数量和质量决定了旅游业发展的规模和质量；而旅游业发展对人才需求的规模和质量要求，反过来又会推动旅游人才供给侧的改革，促进旅游人才供需趋于平衡。因此，从需求侧和供给侧两个角度开展市场调研，探究当前旅游人才的供给能否有效满足旅游业发展需求；科学预测旅游产业发展对旅游人才需求的规模和质量要求，是促进我国旅游业健康发展和各类院校旅游人才培养的重要课题。

旅游人才是推动旅游业发展的第一资源和要素。旅游人才是指旅游人力资源中能力和素质较高，具有一定旅游专业知识、专门技能，能够进行创造性劳动，提供高质量服务，并对旅游业发展做出一定贡献的人[2]。

从职业教育视角来看，现代职业教育是服务经济社会发展需要，面向经济社会发展和生产服务一线，培养高素质劳动者和技术技能人才并促进全体劳动者可持续职业发展的教育类型[3]，主要包括初等职业教育、中等职业教育和高等职业教育3个层次。其中，中等职业院校和高等职业院校是职业教育人才培养的主力军。

本研究报告所指旅游人才主要是指职业教育培养出来的人才，即由职业院校培养的，面向旅游产业发展和生产服务一线需要的，具有一定旅游专业知识和专业技能的，能够提供高质量旅游服务的高素质劳动者和技术技能的人才。

本研究报告旨在通过深入细致的市场调研，从需求侧和供给侧两个角度科学分析旅游

---

[1]　"十三五"旅游发展规划，国务院，2016年12月7日。
[2]　"十三五"旅游人才发展规划纲要，国家旅游局，2017年6月27日。
[3]　现代职业教育体系建设规划（2014—2020年），教育部、国家发展改革委、财政部、人力资源和社会保障部、农业部、国务院扶贫办，2014年6月16日。

企业人力资源现状和职业院校旅游人才培养的现状；科学论证和预测旅游产业发展对职业教育旅游类人才需求的规模和人才规格质量的要求，并在此基础上提出相应的对策和建议。

本研究报告由南京旅游职业学院副院长操阳教授进行总体设计、统稿和审定工作。报告共分六章，具体分工是：第一章中国旅游业发展概况（张骏、操阳）；第二章需求侧调研：旅游企业人力资源状况（苏炜）；第三章供给侧调研：职业院校旅游类人才培养状况（金丽娇）；第四章职业教育旅游类人才需求规模预测与分析（王新宇）；第五章旅游类人才岗位需求预测与质量要求分析（张晓玲）；第六章对策及建议（崔英方、操阳、张骏）。

桂林旅游学院张海琳教授、成都职业技术学院张芝敏副教授、宁夏工商职业技术学院杨志国副教授、黑龙江旅游职业技术学院刘晓杰教授、浙江旅游职业学院郎富平副教授为本报告采集了大量全国旅游企业和院校数据。南京旅游职业学院李俊楼老师为本报告进行了排版编辑和图表美化。南京奥派信息有限公司在课题数据挖掘过程中提供了大力支持。

文化和旅游部、全国旅游职业教育教学指导委员会的有关领导专家对本报告的编写提出了宝贵意见和建议。

由于受调研样本数量的局限和部分统计数据不全的影响，加之编写人员的能力和水平有限，报告中不当之处在所难免，恳请广大读者批评指正，使之趋于完善。

本课题组今后将持续关注我国旅游人才需求与供给发展状况，用真实的数据绘制旅游人才需求与供给的画像，为解决我国旅游人才供需结构失衡问题、提升我国旅游职业教育教学质量贡献力量。

第一章　中国旅游业发展概况

近年来，我国旅游经济快速增长，产业格局日趋完善，市场规模品质同步提升，旅游业已成为国民经济的战略性支柱产业。对我国旅游业发展的现状、问题和发展趋势进行研判，可以为我国旅游职业教育人才需求与供给的研究提供宏观层面的分析，对旅游职业教育人才培养的目标、方向、路径也有重要的指引作用。

一、中国旅游业发展现状

随着我国旅游业的快速发展，旅游业综合性产业的战略定位，以及其对发展经济、促进就业、提高人民生活水平、增进人民幸福的综合功能的日益提升，越来越呈现出以下特点。

（一）综合效应不断增强

旅游业自身由于黏合性强、带动性大、综合效应不断增强，有力地促进了我国经济、社会、文化等多方面的发展。

1. 从经济效应角度来看，旅游业对国民经济和社会就业综合贡献增强

我国三大旅游市场（国内、入境、出境）持续健康增长，已经稳定了我国世界第一大出境旅游客源国、全球第四大入境旅游接待国地位和国内旅游业蓬勃发展的态势。据联合国世界旅游组织对中国旅游发展的测算显示，我国旅游产业对国民经济综合贡献和社会就业综合贡献均超过10%，高于世界平均水平[①]。

2017年，国内旅游市场高速增长，入出境市场平稳发展，供给侧结构性改革成效明显。数据显示，国内旅游人数50.01亿人次，比上年同期增长12.8%；入出境旅游总人数2.7亿人次，同比增长3.7%；全年实现旅游总收入5.40万亿元，增长15.1%。初步测算，全年全国旅游业对GDP的综合贡献为9.13万亿元，占GDP总量的11.04%。旅游直接就业2825万人，旅游直接和间接就业7990万人，占全国就业总人口的10.28%[②]。

2. 从社会效应角度来看，旅游业已成为与人民群众息息相关的幸福产业

2017年，我国人均出游已达3.7次[③]，旅游成为衡量现代生活水平的重要指标，成为人民幸福生活的刚需，助力人民对幸福生活向往的达成。国民大众旅行经验的不断丰富，

[①②③] 2017年全年旅游市场及综合贡献数据报告，国家旅游局数据中心，2018年2月。

以及以80后、90后为主体的游客数量增长和主体结构变化开启了自主旅游决策、自主行程安排和自助旅行时代。游客对基础设施、公共服务、生态环境的要求越来越高，对个性化、特色化旅游产品和服务的要求越来越高，旅游需求的品质化和中高端化趋势日益明显，对旅游目的地的建设、环境保护等方面起到了促进作用。

3. 从文化效应角度来看，旅游业已成为传承中华文化、弘扬社会主义核心价值观、提升国民素质、促进社会进步的重要渠道

随着2018年机构改革的推进，文化和旅游融合的脚步越来越快，以旅游彰显文化、以文化促进旅游的理念已经深入人心。近年来全域旅游工作的推进，使得旅游产业的文化效应愈加凸显，红色文化借助红色旅游得到更好的彰显；乡村文化借助乡村旅游得以传承；一大批文化遗产以旅游的方式"活"了起来；旅游还成为生态文明建设的重要力量，带动大量人口不仅从经济脱贫，也从文化上、理念上脱贫。旅游产业的发展正在推动经济、社会、生活、文化的综合提升，融合发展。

（二）产业形态日趋多元

在旅游业专业化分工和市场细分程度加深的基础上，随着"旅游+"理念的普及和落实，我国旅游产业形态也愈加多元。

1. 从供给端的角度来看，民间资本投资促进了旅游新业态的发展

近年来，地产、煤炭等传统行业巨头纷纷投资建设文化旅游城、主题公园、酒店、旅游度假区等项目，BAT等互联网企业也纷纷以多种方式介入在线旅游、旅行社领域，加快布局旅游业，促使旅游业态得到新的发展。2017年全国旅游投资达1.5万亿元，同比增长16%，其中民间资本投资占60%[①]。

2. 从需求端的角度来看，游客多元化需求催生旅游业态多元化发展

随着旅游需求的个性化，大众旅游时代旅游消费形式的变化，以及云计算、物联网、大数据等现代信息技术在旅游业的广泛应用，旅游业内涵和外延的不断拓展，旅游业态呈现多元化发展趋势。根据文化和旅游部最新发布的《关于提升假日及高峰期旅游供给品质的指导意见》（以下简称《意见》）[②]，未来将着力开发11个旅游新业态，包括文化体验游、乡村民宿游、休闲度假游、生态和谐游、城市购物游、工业遗产游、研学知识游、红色教育游、康养体育游、邮轮游艇游、自驾车房车游。而且《意见》中还明确，要采取多种融资方式，创新商业模式，制定奖励激励政策，积极引导社会资本参与旅游公共服务设施建设，要推动旅游经营单位加大对假日及高峰期旅游服务设备设施的储备。总体而言，我国已经初步形成观光旅游和休闲度假旅游并重、旅游传统业态和新业态共同发展的大格局。

（三）政策环境愈加良好

国家层面对于旅游业的发展越来越重视，近些年陆续发布了多项政策，支持和规范旅

---

① 2018年中国旅游行业发展现状及发展趋势分析［EB/OL］,http：//www.chyxx.com/industry/201806/650305.html。
② 关于提升假日及高峰期旅游供给品质的指导意见，文化和旅游部、国家发展改革委等17部委，2018年11月5日。

游业，同时，旅游产业发展的监管体系也愈加完善。

1. 加强旅游立法建设，为旅游业持续快速发展提供了良好的政策环境

2016 年在修订《中华人民共和国旅游法》（2016 修正）的基础上，2017 年又修订了《旅行社条例》《导游人员管理条例》《中国公民出国旅游管理办法》，制定修订《导游管理办法》，废止《出境旅游领队人员管理办法》等旅游规章和旅游政策性、规范性文件。2018 年新组建的文化和旅游部也大力促进文旅产业的融合，如联合 17 个部门颁发了《关于促进乡村旅游可持续发展的指导意见》等引领旅游行业的健康、稳定、持续发展。

2. 加强旅游治理体系建设，促进旅游业规范持续健康发展

一方面，加快建立旅游治理机构建设。据统计，截至 2017 年年底，全国共成立旅游警察 205 家、旅游巡回法庭 280 家、工商旅游分局 132 家，"1+3+N"旅游综合改革效果显著[①]。另一方面，不断探索行之有效的管理办法和途径。尤其是"全国旅游监管平台"的推广使用，使得旅游市场监管体系实现了智能化变革，覆盖了旅游前、旅游中、旅游后的不同环节，形成了较完整的智能化服务和监管闭环。

（四）国际影响逐渐提升

习近平总书记在致联合国世界旅游组织第 22 届全体大会的贺词中指出"旅游是不同国家、不同文化交流互鉴的重要渠道，是发展经济、增加就业的有效手段，也是提高人民生活水平的重要产业"[②]。中国旅游业在国际上的影响力也在不断提升。

1. 中国旅游业在国际旅游格局的地位和影响力不断提升

中国旅游市场全球瞩目，对全球旅游业贡献不断提升。目前，我国出境旅游人数和旅游消费均列世界第一，以 2016 年为例，中国旅游相当于全球旅游经济的 16.6%，对全球国际游客增长贡献达 10.5%。[③] 此外，越来越多的国家与中国互办旅游年活动，中国的风土人情被带到外国人的生活中，中国特色旅游外交，宣传了中国文化，展现了中国形象。中国也欢迎外国游客到中国，了解中国历史和发展脉络，与世界人民一同分享优秀传统与发展经验。中国旅游业正在不断与世界接轨，发挥更大的作用，成为影响国际旅游业发展的一支重要力量。

2. 中国旅游业在国际社会上的话语权不断提高

首届世界旅游发展大会、中日友好交流大会、"一带一路"旅游部长会议、中日韩旅游部长会议、中俄蒙旅游部长会议、中国—中东欧旅游高级别会议等，让中国不断融入世界旅游发展的国际分工体系。尤其是 2017 年 9 月 12 日，经国务院批准，由中国发起成立的第一个全球性、综合性、非政府、非营利世界旅游组织——世界旅游联盟的正式成立，

---

① 李金早.2018 年全国旅游工作会议讲话，2018 年 1 月 8 日。
② 习近平向联合国世界旅游组织第 22 全体大会致贺词，2017 年 9 月 13 日。
③ 一元.旅游业正在改变中国 中国游客让世界在改变［EB/OL］.http: //travel.china.com.cn/txt/2018-02/26/content_50606503.htm。

标志着中国的旅游业发展已经得到世界范围的认可，具有引领和带动作用。

二、中国旅游业发展问题

（一）产品有效供给不足

目前，我国旅游业发展存在"产品有效供给不足"的突出问题。主要体现在以下几方面：

1. 旅游产品同质化现象严重

在旅游线路设置、旅游活动安排等方面不能适应旅游者多样、多变的旅游需求，低水平旅游产品重复的情况较为普遍。例如，团队旅游市场中"零负团费"问题，本质上主要就是观光产品高度同质化竞争，雷同泛滥，良莠不齐的后果。

2. 旅游产品品质有待提升

目前部分旅游产品与旅游者日益成熟、层次丰富的旅游消费需求还存在明显不匹配的状况。例如，研学旅行近年来发展迅速，但将研学等同于单纯旅游的情况仍不少见，缺乏对于产品的深入思考和创新性设计。

3. 旅游产品空间布局有待优化

伴随现代交通的发展，旅游消费时空关系变化多样，也逐渐暴露出我国区域旅游发展不平衡、不充分，旅游产品在空间布局与组合、线路设计等方面存在较多问题，很多地区出现旅游业产能过剩与供给短板并存的现象。

总体而言，旅游产品有效供给能力不足导致消费者需求难以有效满足。提高有效供给的质量和效率，已经成为我国旅游业发展必须直面的问题。

（二）公共服务体系欠缺

旅游公共服务是指由政府、市场和社会第三部门组成的供给主体，在旅游需求导向下提供的所有具备公共属性的产品和服务的总称。旅游公共服务的内容非常广泛，旅游设施、旅游交通、旅游信息、安全保障等都在旅游公共服务的范围之内。随着大众旅游时代的来临，以及以散客为主的市场特征的形成，旅游公共服务在自助旅游过程中的重要程度日益凸显。但从我国旅游公共服务的供给现状来看，部分地区旅游公共服务在内容、档次、形式与布局上都存在与大众旅游需求不匹配的问题。

（1）在旅游交通服务方面，部分地区旅游绿色通道、旅游专线、旅游集散中心、旅游停车场等服务存在区域配置不合理、旺季供给不足及淡季资源闲置等问题。

（2）在旅游公共信息服务方面，旅游信息平台建设、运营及管理等方面不能很好地契合旅游者的需求，如存在旅游标识不合理、指示导引不规范、内容不正确等问题。此外，虽然有些地区已经开始"向智慧出发"，但与游客对旅游信息的及时、便捷、精确、多样化的需求还存在较大的差距。

（3）在旅游公共安全服务方面，不论是旅游设施的安全保障、旅游饮食的安全监测，还是旅游救援体系的构建等方面都与大众旅游时代旅游者对安全、品质和规范的追求不匹配。

总之，公共服务是大众化旅游发展时期旅游经济运行质量的核心支撑要素，其规模和质量直接决定着能否给旅游者带来有尊严、畅爽愉悦的旅游体验，在未来的发展中，亟待提升。

（三）行业投资精准度低

虽然我国的旅游业投资规模、区域结构、主体结构和产品结构日趋合理，但仍然存在整体行业投资精准度较低的问题。很多项目只看到整体旅游市场的需求剧增，却忽视对本地市场的考察，盲目高估未来收益，结果常常表现出"宏观报喜，微观报忧"。投资的低精准度还带来了低水平产品的盲目、重复建设的问题，旅游品牌效应不强，龙头旅游企业带头效应发挥不利。例如，乡村旅游盛行，就处处建生态园、采摘园；健康养生需求上涨，就划地斥资大建综合保健疗养区；旅游特色小镇、田园综合体等概念的兴起，相应的项目不断上马。有些项目缺乏前期的合理规划和后期的完善运营、管理，投资成本又偏高，不能长期维系。

（四）人才队伍建设滞后

旅游业发展的成败得失，归根到底，与人才队伍的建设息息相关。以上诸多问题的解决，本质上也有赖于人才队伍的加强。目前我国还存在旅游人才队伍建设与旅游综合发展需要不相适应的状况。

首先，我国旅游人才队伍有效供给数量不足。尤其是对于新业态和新技术，如乡村民宿、研学旅行、邮轮游艇、智慧旅游等类型的人才缺口比较巨大，行业人才需求得不到很好的满足。

其次，我国旅游职业教育虽得以蓬勃发展，但职业素质和专业能力仍与行业的要求有一定的距离，尤其在师资队伍建设、办学条件提升、产教深度融合等方面亟待加强。

最后，由于行业效益相对较低，企业对人才的重视程度不够，投入不足，旅游人才的开发利用和后期的在岗培训提升等继续教育工作开展缓慢，还没有形成合理有效的政府、企业、旅游职业院校、中介机构共同投资，共同施力的多元化培养渠道，旅游人才队伍建设显得相对滞后。

三、中国旅游业发展趋势

（一）文旅融合大势所趋

随着旅游业变革的深入，与文化的融合将成为未来行业发展的大势所趋。文化是旅游最好的资源，旅游是文化最大的市场，两大产业相互交融、相得益彰。文化和旅游部雒树刚部长就曾明确了"宜融则融、能融尽融，以文促旅、以旅彰文"的工作思路，并指出：按照中央的要求和部署，需进一步统筹推进文化事业、文化产业和旅游业融合发展，在文化旅游领域对外和对港澳台工作中持续凸显融合发展的主题,在扩大优质旅游产品供给、提倡文明旅游和安全旅游、加强旅游市场秩序治理等方面也是紧紧围绕融合发展的主题,稳步推进旅游系统的规范建设和旅游行业的创新发展。各地文化建设和旅游融合发展积极性空前高涨,文化和旅游融合发展的路径逐渐清晰[①]。

文旅融合发展的大趋势,也对旅游人才的培养提出了新的要求。一方面,旅游人才不仅要了解旅游行业的发展规律,还需要明晰文化事业、文化产业的发展规律,能够找寻到其中的契合点和融入点,在产业链延长、产品创新、营销推广等多方面实现新的突破。另一方面,在旅游服务方面,新时代的旅游人才应进一步增加文化底蕴,提升人文素养,实现对旅游者的人文关怀,适应文旅融合的发展趋势。

(二)产业跨界成为常态

无论是"旅游+",还是"+旅游",旅游与其他产业的跨界发展已成为常态,而且这种趋势还将继续发展。旅游的跨界发展充分发挥了旅游业的拉动力、融合能力及催化、集成作用,为相关产业和领域发展提供平台,提高其发展水平和综合价值。

旅游产业的跨界发展需要多元旅游人才的支持。对旅游人才的培养不能仅仅停留在传统的旅行社、景区、酒店层面,文化、休闲、养生、养老、教育、探险等一系列行业与旅游业的跨界,需要具有相关行业知识和技能的混合型、多元化人才。旅游的边界在淡化,旅游人才的知识、技能领域也需要进一步拓展,这对旅游职业教育提出了新的挑战。

(三)全域发展深度推进

2016年7月,习近平总书记在宁夏视察时指出,发展全域旅游,路子是对的,要坚持走下去。在全域旅游的实践中,旅游业不单纯是一个产业问题,还要考虑它与地区社会功能及当地居民生活需求相结合的问题。全域旅游的推进将有助于当地居民与游客共享资源,宜居宜游宜业、主客共享的目标达成。

全域旅游进一步融入社区,融入日常生活的趋势,也给旅游职业教育的发展提出了新的需求。旅游人才不再是孤立的行业从业者,还应该是社区建设的参与者、社区活动的组织者。如何更好地了解旅游企业所依托的社会环境,不但为旅游者服务,而且为原住民服务,为社会的全面发展服务,也成为旅游职业教育需要思考的问题。

(四)旅游技术不断创新

科技的日新月异为旅游业的发展带来新的平台和新的契机。科学技术的进步不仅快速改变着游客的消费行为,也对旅游企业的商业模式和管理模式带来重要的改变。虚拟现实、社交网络、云计算、大数据、网络与创意产业的快速发展,加速了文化旅游与技术融合的力度和强度。

从旅游体验角度来看,智能机器人的运用、对话式的沟通界面及AR、VR等技术的

---

① 雒树刚,增强文化活力优化旅游环境,2018旅游集团发展论坛上的讲话,2018年12月10日。

普及，让旅游者可以不经人工咨询，仅与机器对话，便可寻得满意的去处，预订酒店、机票，甚至足不出户，就可饱览风光。

从旅游服务角度来看，人工智能及相关的云计算、区块链技术将提升全球旅游产业运行效率，全面提升服务质量和产品标准。传统旅游行业中大量的人力劳动将被人工智能取代，人工智能强大的数据处理能力将大大提升服务效率、改善顾客体验。人工智能将改变产业运行模式，人力密集型的旅游产业的运行模式将面临极大的改变。但是人工智能并不会彻底取代员工，而是有助于为员工提供更为复杂和高质量的面对面服务。全球旅游产业的人力资源战略将发生重大调整。①

旅游技术的创新发展对旅游职业教育和人才培养提出了新的要求。旅游职业教育应当契合科技进步的需求，培养掌握运用旅游新科技的人才，以科技的进步助力管理和服务的提升。

（五）国际交往更为频繁

《"十三五"旅游业发展规划》中明确提出，要实施旅游外交战略，开展"一带一路"国际旅游合作，拓展与重点国家旅游交流，创新完善旅游合作机制。中国不仅为全球输送越来越多的旅游客源，吸纳更多的外国游客来访中国，也在为民间和政府搭建更大的交流与合作的平台，推动全球旅游界与其他业界的融合发展②。中国特色旅游外交，将更加稳健和有力。因此，可以预见未来中国旅游业将进一步打开门户，走出去，请进来，与国际旅游业的交往将更为频繁。

国际旅游交往的主体是旅游从业人员，因此，旅游职业教育的开展，应契合开放的需要，与国际旅游人才的培养进一步接轨，吸收和引进先进理念、先进做法，开展深度合作，共同育人。同时，在人才培养过程中，应尤其重视学生国际视野、国际能力的培养，在观念、语言、思维等方面塑造高水平的国际旅游人。

李金早副部长指出：旅游人才队伍建设是实现旅游业大发展的关键，对旅游人才的培养需要适应新时代旅游发展需求，要着力培养创新型、科技型、复合型旅游人才，培育和造就一大批具有国际视野、专业水平的战略人才、领军人才、青年人才，要着重加强基础理论研究和实践应用研究③。我国旅游业迅猛发展的现状，面临着的主要问题，以及未来发展的趋势，都对旅游职业教育人才的培养提出了新的要求，只有优化调整人才培养的目标、内容和方法，才能肩负起行业的使命，契合乃至引领中国旅游业的持续、健康发展。

---

① 《旅游绿皮书：2017—2018年中国旅游发展分析与预测》，社会科学文献出版社，2018年1月。
② "十三五"旅游业发展规划，国务院，2016年12月7日。
③ 李金早，以习近平新时代中国特色社会主义思想为指导 奋力迈向我国优质旅游发展新时代，2018年全国旅游工作会议讲话，2018年1月8日。

第二章　需求侧调研：旅游企业人力资源状况

一、中国旅游企业发展概况

旅游企业是为旅游者提供食、住、行、游、购、娱等消费并取得相应收入的独立单位，按照从事旅游产品经营的产业链划分可以分为直接旅游企业和含管理公司、服务公司、食品卫生等生活服务部门在内的辅助旅游企业。本课题的研究对象是直接旅游企业，主要包括旅行社、酒店、景区等。

随着我国旅游业的不断发展，近年来旅行社、酒店、景区等旅游企业数量持续增长。截至2017年年底，全国共有住宿和餐饮法人企业4.5万家左右，其中住宿业1.9万家（其中星级饭店1.16万家，包括五星级824家、四星级2425家），旅行社2.79万个，景区景点3万多个（其中A级景区10340个，包括5A级249个、4A级3034个），世界遗产52项，全域旅游示范区创建单位506个，红色旅游经典景区300个[①]。旅游业的快速发展极大地拉动了就业，据统计，截至2017年年底，全国旅游直接就业达到2825万人，旅游直接和间接就业达7990万人，占全国就业总人口的10.28%[②]。

二、调研方案的设计与说明

（一）调研的目的及方法

为更好地掌握中国旅游企业人力资源的现状与需求，课题组通过现场访谈、问卷调研及利用数据抓取技术对主流招聘平台进行针对性的企业招聘信息提取和收集等方法，全方位地了解中国旅游企业的员工招聘与配置情况、员工培训、考核与薪酬情况及对职业院校学生的数量、质量需求情况，为科学预测中国旅游业发展对人才的规模、规格需求奠定基础，为职业院校旅游类专业的供给侧人才培养改革提供决策依据。

（二）调研的内容

针对本次调研目的，旅游企业的调研内容主要如下：①旅游企业的基本情况，包括所在地区、2017年营业额、开业年限等；②企业员工的人力资源基本情况，包括企业员工的编制数、学历结构、员工流失率、企业招聘渠道、企业招聘员工时关注的职业素养等；

---

① 李金早，《2018年全国旅游工作报告》，2018年1月8日。
② 文化和旅游部数据中心，《2017年旅游业统计公报》，2018年12月28日。

③旅游企业员工培训、考核和薪资情况，包括企业的人工成本、员工的平均月薪、员工的培训内容等；④企业的校企合作情况，包括是否与职业院校存在校企合作关系、是否建有订单班等。

此外，课题组在企业调研的基础上，通过梳理旅游企业的主要工作岗位，对51job、智联招聘、58同城、最佳东方等主流招聘平台进行数据抓取，获取企业招聘各个岗位的员工数量和素质要求。

（三）调研样本

旅游企业的调研共分3个部分：企业现场访谈、企业在线问卷调研和招聘网站数据抓取。其中，选取东、中、西部12个旅游企业，覆盖景区、旅行社和酒店3种不同的企业类型，对企业的人力资源负责人进行了访谈；在线共计发放432份问卷，回收432份，其中有效问卷422份，有效问卷回收率达97.7%；通过4个主流招聘平台抓取共计2739个景区、3020个旅行社和4149个酒店的员工招聘数据。

三、被调查企业基本情况

（一）旅游企业的类型及分布

本次调研线上问卷调查主要覆盖酒店、景区、线上线下旅行社、会展公司等旅游企业。被调研的422家旅游企业中，61.85%的企业为酒店，线上旅行社占比1.18%，线下旅行社占比20.62%，景区占比13.03%，会展公司占比3.32%（见图2-1）。其中，调研景区基本都为4A和5A级；酒店企业中79.31%为四、五星级酒店，与中高职学生就业面向基本一致。从旅游企业类型来看，90%以上的旅行社、景区、会展公司为民营企业；酒店中，25%为国际集团旗下企业，33.3%为国有企业。

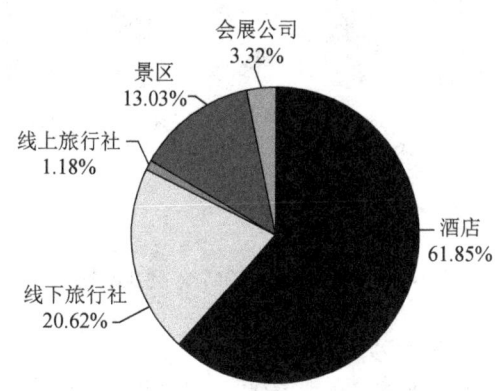

图2-1 调研旅游企业类型分布

从被调研企业分布来看，样本覆盖了全国华南、华北、华中、华东、西南、西北、东北等各个地区（见图2-2），其中31.75%的企业位于华东区域，14.69%的企业位于华南地区，12.80%的企业位于西北地区，10.90%的企业位于华北地区。

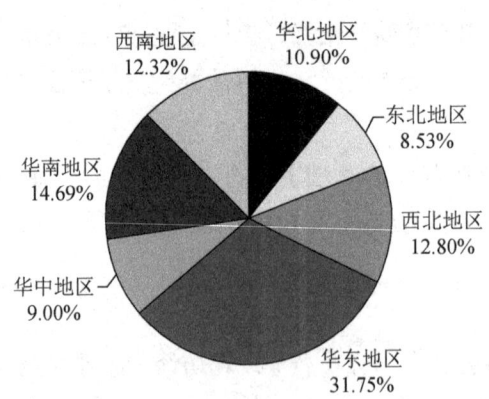

图 2-2 被调查旅游企业地区分布

（二）旅游企业的经营情况

本次调查样本中，大多都是开业 5 年以上的成熟企业。其中，开业 10 年以上的企业占 42.18%，开业 5~10 年的企业占 23.7%，开业 3 年以下的企业仅占 16.59%。

从企业规模来看，大多数样本属于中大型企业。其中，注册资金在 5000 万元以上的企业占 30.81%，注册资金在 1000 万元以上的企业占 48.34%，注册资金在 500 万元以下的企业占 27.96%，且其中大多为酒店及线下旅行社。23.22% 的企业 2017 年营业额超过 1 亿元，22.75% 的企业营业额在 1000 万元以下（见图 2-3）。

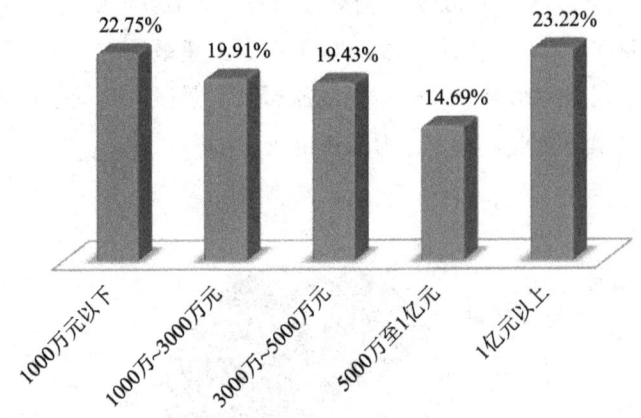

图 2-3 被调查企业 2017 年营业额情况

（三）旅游企业的自有员工情况

基于被调研旅游企业的规模都较大，因此，员工数量也较多。19.43% 的调查企业的自有员工数量超过 500 人，其中大多为酒店。22.27% 企业的员工数量为 300~500 人，仅有 12.33% 的企业员工数量在 30 人以下，且其中一半以上是小规模的线下旅行社和民宿企业。员工人数为 100~300 人的企业比重最大，占被调查企业的 29.38%（见图 2-4）。

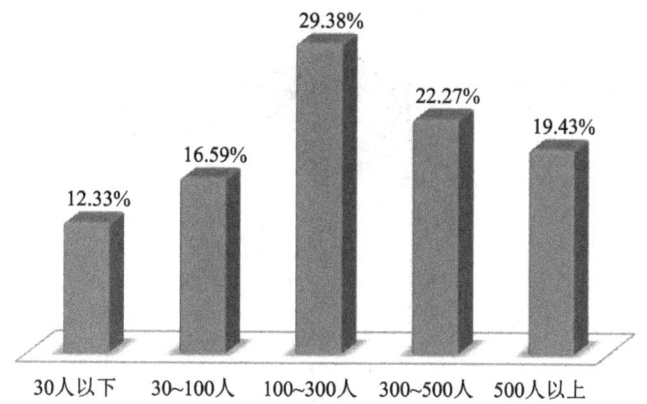

图 2-4　被调查企业的员工规模

从员工学历结构看，25.59%的企业本科及以上学历员工比例最高，48.82%的企业高职高专学历员工比例最高，16.11%的企业中专或高中学历员工比例最高，9.48%的企业的高中学历以下员工占比最高，且大多集中于酒店行业（见图2-5）。

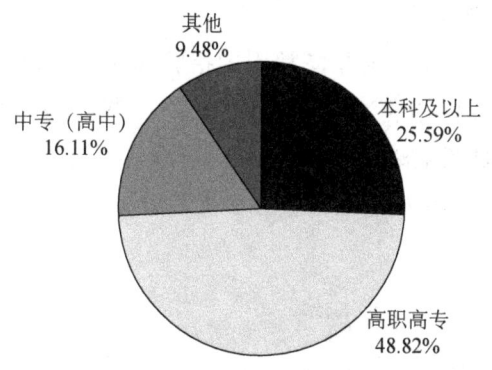

图 2-5　本调查企业的员工学历结构

（四）旅游企业的组织架构

从旅游企业的组织架构来看，28.91%的被调查企业的基层员工占70%以上，68.72%的被调查企业的基层员工占60%以上，符合一般企业的金字塔形组织架构。仅有10.43%的被调查企业基层员工占比在50%以下，但这些企业的员工规模均在100人以下，组织架构相对而言较为扁平化（见图2-6）。

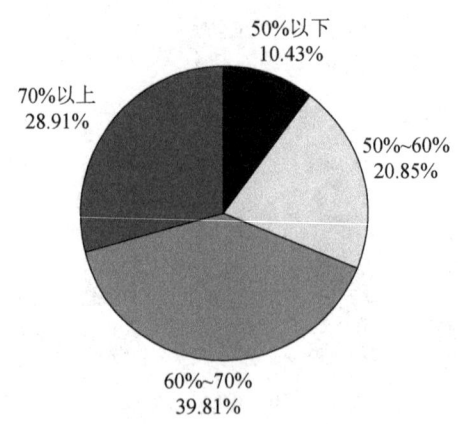

图 2-6 被调查企业的基层员工占比

四、旅游企业人力资源的基本情况

（一）旅游企业员工招聘与配置

1. 旅游企业年度招聘情况

在旅游企业员工招聘方面，企业最常用的招聘途径包括网络招聘（86.73%）、校园招聘（71.56%）和人才市场招聘（67.30%），针对一些高端岗位，企业也会采用猎聘（16.59%）的方式来弥补员工空缺（见图2-7）。校园是各旅游企业都非常重视的员工招聘来源，69.19%的企业每年校园招聘的频率在2次及以上，27.49%的企业每年校园招聘达到4次及以上。

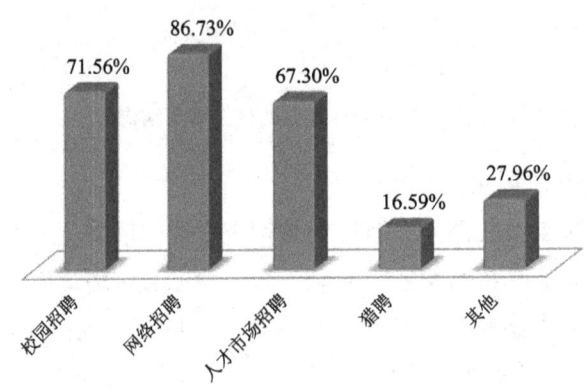

图 2-7 企业员工招聘的途径

2. 年度人员流失情况

员工的高流失率是旅游企业普遍面临的难题。被调查企业中，14.22%的企业年均员工流失率达到了31%及以上，且其中70%以上都为酒店企业。31.28%的企业年均员工流失率控制在10%以下（见图2-8）。在几种不同的旅游企业类型中，50%以上的酒店企业年均员工流失率在20%以上,50%以上的景区企业年均员工流失率在10%以下,67.9%的旅行社年均员工流失率在20%以下。因此,相对而言,酒店企业员工流动率较高,景区员工队伍相对稳定。

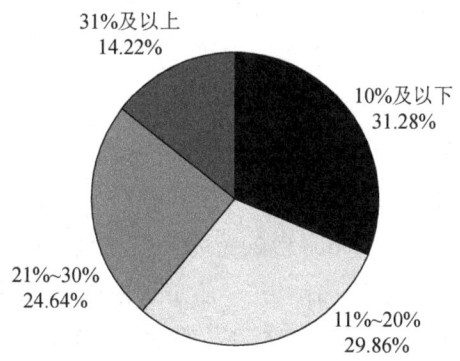

图2-8 被调查企业的员工流失率

在企业岗位中,流失率最高的是一线员工。酒店企业的餐饮、客房、前台服务员岗位,旅行社的销售岗位及景区的导游和讲解员流动率较高,此外,保安也是旅游企业流失率较高的岗位。从员工流失的原因来看,51.18%的员工是因为工资待遇不尽如人意,14.69%的员工是基于职业压力,另有11.85%的员工对企业的培训机制不满意,对自身的发展比较迷茫(见图2-9)。在企业访谈中,部分企业的人力资源部负责人也认为,年轻人的就业观存在一定的偏差。

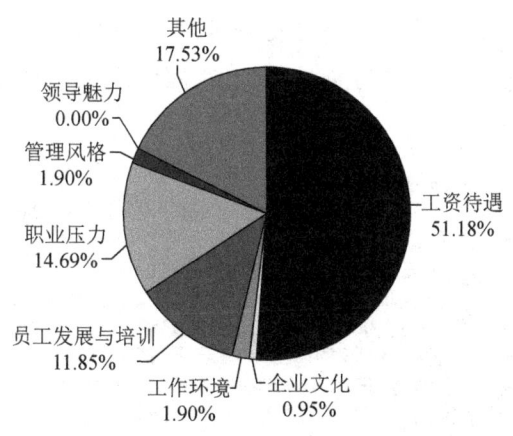

图2-9 旅游企业员工流失的原因

3. 人才留用情况

针对旅游行业的员工高流失率,企业也在积极努力挽留人才。67.3%的企业会通过提高薪酬增加员工满意度,55.45%和52.13%的企业分别会通过增加培训和提高职位等方式帮助员工做好职业发展规划。

从旅游企业员工的职业发展来看，虽然企业基层员工比重较高，但是职业发展的速度较快。被调查企业中，63.03%的企业基层员工2~3年即可步入主管岗位，31.75%的企业基层员工需要3~5年可晋升为主管。几类旅游企业相比，酒店企业员工的发展速度显然更快，70%以上的酒店基层员工都可在3年以内晋升为主管。

4. 旅游企业预计招聘需求及质量要求

为弥补岗位空缺，旅游企业都在努力通过各种途径进行员工招聘。通过采用爬虫技术对51job、智联招聘、58同城、最佳东方等主流招聘平台进行数据抓取，课题组发现，仅2018年12月，旅游企业通过网络平台的招聘岗位达到40 688个。其中，招聘需求较为旺盛的包括"旅游顾问""旅游产品销售""旅游计划调度""旅游产品/线路策划""会展""导游""茶艺师""调酒师""客房部员工""餐饮部员工""前厅部员工"等一线服务岗位。

在员工素质需求方面，吃苦耐劳、服务意识、团队意识被认为是企业员工招聘时最看重的3个因素。而沟通协调能力、抗压耐挫能力、性格特征、外在形象也相对重要，只有3.79%的企业认为职业技能证书很重要，11.85%的企业会关注员工的毕业院校，24.17%的企业认为外语能力很重要，28.44%的企业会关注员工是否专业对口。这些数据表明，相对于毕业生的专业、院校和职业资格证书这些外在条件，企业更加关注学生的软技能。但是，当企业招聘管理层时，会更侧重于员工的管理水平（69.67%）、专业知识（63.03%）、工作经验（63.03%）及忠诚度（52.13%），仅有8.53%的企业对国际化水平有相关要求。因此，当员工的职位逐步提升时，企业对其知识和工作经验的要求越来越高，学校在培养旅游企业督导管理层时应合理设置课程体系，注重培养学生的管理能力。

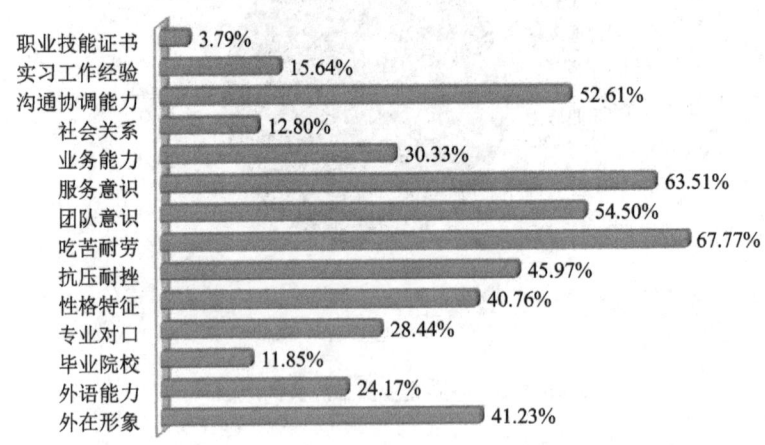

图2-10 企业招聘应届毕业生最看重的因素

(二）旅游企业员工培训、考核与薪资情况

1. 年度培训情况

员工培训是提高员工素养的重要手段。从被调查旅游企业来看，大多数企业都非常重视员工的培训工作。62.09%的旅游企业的培训成本占比5%以上，8.53%的旅游企业的员工培训成本达到15%以上。从员工培训频率来看，仅16.59%的企业的员工年均接受培训次数为3次以下，50.71%的企业员工的年均培训次数为3~10次，17.06%的企业员工年均培训次数在20次以上，且其中95%为酒店，说明酒店企业的培训体制相对较为完善。

从培训种类来看，90%以上的企业都会进行新员工入职培训和技能培训。基于对员工软技能的要求，60%以上的企业会进行管理能力、职业礼仪和团队协作能力的培训，44.55%的企业会对员工进行英语培训（见图2-11）。培训方式方面，96.68%的企业主要选择内部培训，57.82%的企业会外聘教师进行培训，47.39%的企业会选择在线培训的方式。当一线员工发展至中层管理人员时，企业认为还需加大员工的领导力、沟通技巧、企业文化、管理知识等方面的培训。

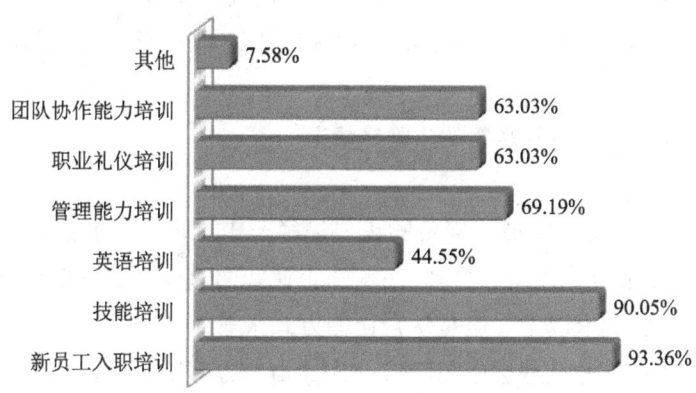

图 2-11 旅游企业员工培训种类

2. 旅游企业员工平均月薪及绩效考核情况

从旅游企业的人力成本和员工薪金水平来看，71.56%企业的人工成本占企业总成本的20%~40%。18.96%的企业人工成本占比超过40%，仅有9.48%的企业人工成本占比在20%以下。而旅游企业一线员工的工资水平普遍较低，44.55%的企业一线员工平均月薪在3000元以下，37.44%企业的一线员工平均月薪为3000~4000元，只有6.64%企业一线员工月薪超过5000元（见图2-12）。根据中华人民共和国人力资源和社会保障部公布的数据，2018年，上海、天津、浙江、北京、广东、深圳、江苏等多个省市的最低工资标准都在2000元以上。这表示旅游企业一线员工的工资几乎相当于最低工资水平，也印证了旅游行业低工资水平导致高员工流失率的观点。但是，随着职位的升高，旅游企业员工的工资也能得到快速提升，据统计，40.28%的旅游企业主管工资可以达到4000~5000元，

45.02%的企业的部门经理平均月薪可以达到5000~8000元，有36.49%的企业的部门经理可达到8000元以上。

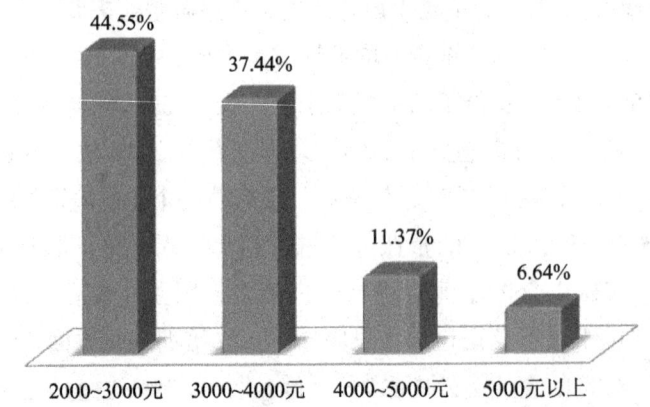

图2-12 旅游企业基层员工工资水平

员工的绩效考核方面，90%以上的被调查旅游企业都具有完善的绩效考核制度，56.87%的旅游企业员工固定工资比重在70%以下，以便于充分调动员工的工作积极性。

（三）旅游企业校企合作及高职学生需求情况

1. 校企合作情况

校企合作是企业获得稳定员工储备的重要途径。被调研的旅游企业中，73.93%的企业和院校建立了稳定的合作关系，且82.36%的企业和两家以上的院校合作，其中13.77%的企业合作院校达到10家以上。但是从合作的方式来看，89.22%的企业仅仅依靠院校提供实习生，仅有49.70%的企业会参与院校的人才培养方案制订，13.77%的企业会和院校进行合作开发课程等深度的校企合作（见图2-13）。

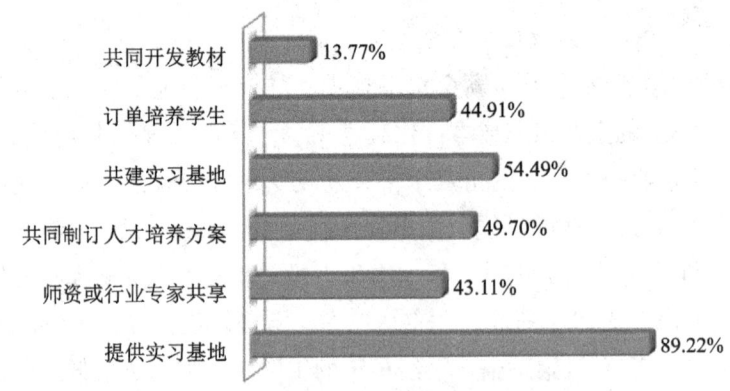

图2-13 旅游企业和院校合作的方式

为了深化与院校的合作，41.32%的被调查旅游企业会选择在院校建立订单班的形式,且涵盖了各个旅游类专业。在企业访谈过程中,课题组也了解到,中国国旅、万豪酒店集团、洲际酒店集团等大型的旅游企业都与院校开展了不同形式、不同深度的订单班合作形式。大多数旅游企业(68.86%)的订单班规模会控制在30人以下,只有2.4%的企业的订单班规模达到100人。但是,从订单班合作的深度来看,62.5%的校企合作订单班只停留在虚拟订单班层面,校企之间的交流主要以企业提供部分课程的教学和企业实践的岗位,学生对于企业的认可度有待提升。在被调研的校企合作订单班中,53.89%的学生留用率都在20%以下,仅有13.77%的订单班学生留用率可以达到40%。

2. 企业对毕业生或实习生的需求

校园招聘是旅游企业主要的招聘途径,企业招聘的员工主要包括实习生和正式员工。在实习生招聘方面,企业需求最为旺盛的岗位包括餐饮服务员、客房服务员、前台服务员、景区接待、旅行社销售及导游等一线服务岗位。在实习时间的要求方面,48.50%的企业希望学生实习半年到一年,31.14%的企业希望实习期三个月到半年,14.37%的企业希望实习期达到一年以上(见图2-14)。

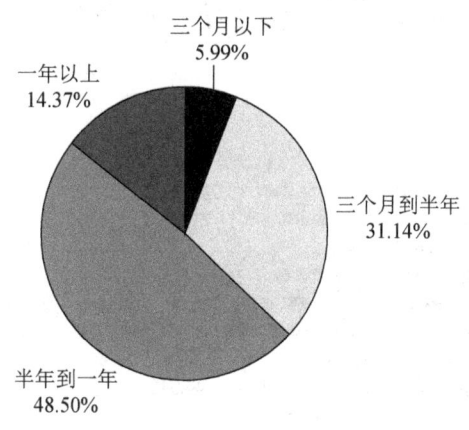

图2-14 企业对实习期的要求

毕业生需求方面,31.74%旅游企业每年会从高职院校招聘毕业生20人以上弥补岗位空缺,22.75%的企业会从高职院校招聘毕业生10~20人,且其中九成以上为酒店企业,主要是因为酒店员工流动性最强,岗位需求量也最大。

专业需求方面,基于职业院校旅游管理专业学生培养的综合性,81.44%的企业会青睐旅游管理专业的学生,76.05%的企业需要酒店管理专业的学生,23.35%和20.96%的企业需要导游和旅行社经营管理专业的学生,另外,16.77%和15.57%的企业提出对会展策划与管理、休闲服务与管理专业学生的需求(见图2-15)。

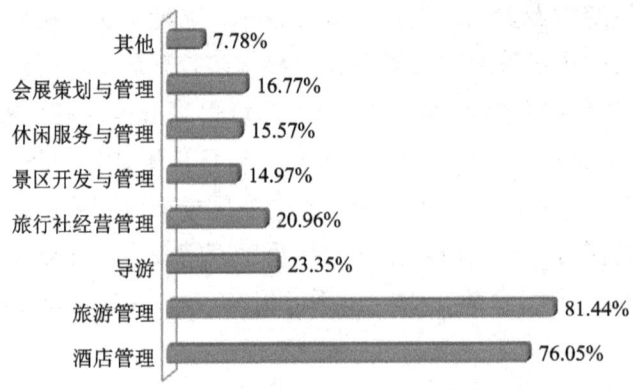

图 2-15　旅游企业对院校毕业生的专业需求

在对毕业生的素质需求方面，81.44%的企业都认为毕业生需要提升吃苦耐劳的精神，74.85%的企业认为学生的服务意识需要加强，44.31%和43.71%的企业认为学生的专业知识和忠诚度还需提升（见图2-16）。因此，很多企业都认为，在院校的人才培养过程中，应注重理论与实践的结合，加强学生对行业的认知和实践能力的培养。此外，也有不少企业强调，应增强学生的职业道德和就业指导，帮助学生树立正确的就业观，培养学生的工匠精神。

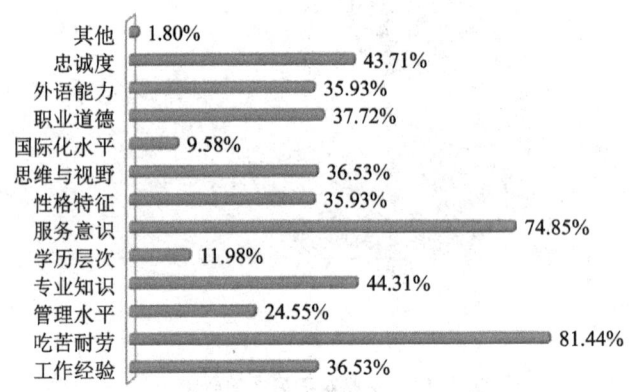

图 2-16　旅游企业对毕业生的素质需求

五、调研结论

旅游市场的繁荣带来了对旅游人才的大量需求，随着我国旅游业呈现的集团化、国际化发展趋势，高素质专业旅游人才十分紧缺。课题组通过对旅游企业的调研，发现我国旅游企业人才发展现状与需求主要呈现以下特征：

第一，旅游企业基层员工收入普遍偏低，直接导致员工的高流失率。调研发现，近50%的旅游企业基层员工的月薪都在3000元以下，在很多省市仅仅达到最低工资标准，这成为员工离职的主要原因。项目被调查企业中超过1/3的企业年均员工流失率超过了20%，且其中酒店企业的员工流失情况更为严峻。一方面，旅游企业的蓬勃发展加速了对人才的需求；另一方面，员工高流失率导致从业人员不断减少，因此，未来旅游市场人才缺口还将进一步扩大。

第二，随着旅游业的发展，旅游市场对专业旅游人才的需求呈现新的特点。首先，高素质专业技能强的应用型人才备受青睐。无论是旅行社、景区还是酒店企业，均对员工的服务意识，以及职业道德素质、专业知识、岗位实践能力都有较高的要求。其次，旅游企业更为重视员工的软技能。在新的发展阶段，旅游企业要求员工不仅要有基本的专业知识，还需具备团队协作能力、沟通能力、学习能力等软实力，这对职业院校的人才培养和旅游企业的员工培训也提出了新的挑战。最后，随着旅游新业态的不断发展，景区管理、会展策划与管理、休闲服务与管理等新兴的专业方向已经成为旅游市场人才需求新的缺口。

第三，旅游企业和院校合作范围广泛，但是合作深度仍需加强。尽管目前大多数旅游企业都与院校建立了校企合作关系，且很多大型旅游企业都从集团层面进行校企合作的战略布局。但是，大多数的校企合作形式仅停留在实习生的供给、非系统化的企业讲座和授课等方面，企业在院校人才培养方案的制订、教学标准的研制和教材开发等方面的融入度不够，对院校人才培养的市场导向作用不强。如何加强校企深度融合，提高旅游人才供给侧与需求侧在规模和规格上的契合度，仍是院校旅游类专业和旅游企业需要共同探讨的课题。

第三章 供给侧调研：职业院校旅游类人才培养状况

一、旅游院校的总体概况

（一）院校创办

从1979年我国第一所旅游类高等专科学校——上海旅行游览专科学校（现为上海师范大学旅游学院）的诞生至今，随着旅游业的蓬勃发展，我国旅游类院校数量增长迅速。据文化和旅游部人事司发布的《2017年全国旅游教育培训统计》数据显示：2017年全国开设旅游类高职专业的普通高等院校1086所，与2016年持平，占全国高职（专科）院校数量的78%。开设旅游类专业的中等职业学校947所，相比2016年的924所提高了2.49%，占全国中职院校数量的8.36%。

（二）专业设置

我国旅游类职业教育始终紧跟旅游行业发展变化。1978年，酒店管理专业作为我国开设最早的旅游管理类专业在宜兴诞生。随后，顺应市场需求又出现了旅游管理、导游、旅行社经营与管理、景区服务与管理、会展策划与管理等专业。根据行业发展和办学需求，教育部几次对职业院校的专业目录进行调整。目前，按照《普通高等学校高等职业教育专科（专业）目录（2015年）》，高职院校旅游大类共包括旅游管理、导游、旅行社经营管理、景区开发与管理、酒店管理、休闲服务与管理6个旅游类专业，另包括会展策划与管理专业和5个餐饮类专业。按照《中等职业学校专业目录（2016年修订）》，中职院校旅游大类包括酒店服务与管理、旅游服务与管理、旅游外语、导游服务、景区服务与管理5个旅游类专业，另包括会展服务与管理专业、钟表维修专业、两个餐饮类专业及旅游服务类新专业。

（三）招生情况

2017年全国旅游类高职专业共招生11.3万人。其中开设旅游管理专业的院校869所，全国共招生5.5万人。开设导游专业的院校90所，全国共招生4000人。开设旅行社经营与管理专业的院校27所，全国共招生616人。开设景区开发与管理专业的院校38所，全国共招生983人。开设酒店管理专业的院校669所，全国共招生4.5万人。开设休闲服务与管理专业的院校49所，全国共招生1176人。开设会展策划与管理专业的院校160所，全国共招生 6831 人。①

2017 年全国旅游类中职专业共招生 10.2 万人。其中高星级饭店运营与管理专业全国共招生 2.2 万人。旅游服务与管理专业全国共招生 4.7 万人。旅游外语专业全国共招生 2122 人。导游服务专业全国共招生 5766 人。会展服务与管理专业全国共招生 647 人。其他旅游类专业全国共招生 2.4 万人。②

二、调研方案的设计与说明

(一) 调研目的及方法

本次调研，旨在从供给侧角度分析职业教育培养旅游人才的现状。通过对我国职业院校的调研，了解职业院校专业开设的情况、专业发展情况、学生生源、学生存量、校企合作的情况及院校对合作企业评价等问题，为职业院校旅游专业的课程设置、人才培养模式改革提供最根本的依据，从而为科学论证和预测旅游产业发展对职业教育旅游类人才需求的规模和人才规格质量的要求奠定基础。

本次调研，主要采用对职业院校进行问卷调查、网络查询等方式展开。

(二) 调研内容

针对本次调查的目的，设计调查问题如下：①职业院校当前开设的旅游类专业具体情况；②旅游类专业的在校生人数；③旅游类专业的生源；④2018 年旅游类专业的招生总人数、招生人数最多和最少的专业；⑤2017 年和 2018 年旅游类专业学生的就业情况；⑥职业院校人才培养模式；⑦与旅游类专业进行合作的企业情况，包括数量、类型、等级、方式、合作期限等；⑧旅游类专业订单班开设情况，包括具体专业、人数、企业留用率等；⑨顶岗实习情况，包括实习基地数量、顶岗实习时间、实习岗位、实习薪酬、招聘实习生的企业类型、实习留用率等。

(三) 调研抽样

本次调研，调查对象包括高职院校和中职院校。其中涉及高职院校 105 所，中职院校 25 所，总计发放问卷 130 份，回收问卷 112 份，回收率达 86.15%。

三、被调查学校基本情况

本次调查的学校以高职院校为主，中职院校为辅，被调查的职业院校共计 112 所。地域分布涉及山东、安徽、湖北、湖南、上海、河南、江苏、广西、广东、四川、重庆、浙江、贵州、陕西、宁夏、黑龙江、甘肃、海南等地。基本覆盖了华东、华南、华中、西北、西南、东北等地区，地区分布较为全面，具体分布情况如图 3-1 所示。被调查的院校从性质来看，公办的旅游类高职院校占 12%，其中包括一些独立旅游院校，如南京旅

---

①② 文化和旅游部人事司，《2017 年全国旅游教育培训统计》，2018 年 4 月 24 日。

游职业学院、浙江旅游职业学院、青岛酒店管理职业技术学院、桂林旅游学院、黑龙江旅游职业技术学院等；公办综合类高职院校占32%；民办综合类高职院校占5.97%；其他占28.36%，种类较为齐全。

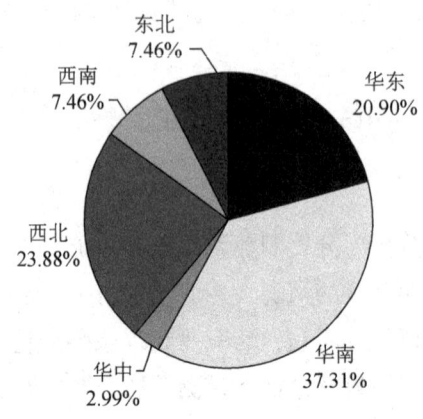

图3-1 调查院校地区分布情况

四、被调查学校人才培养的基本情况

（一）专业开设情况

在所调查的高职院校中，开设专业占前3位的是旅游管理（97%）、酒店管理（94%）、导游（33%）。具体开设情况如图3-2所示。

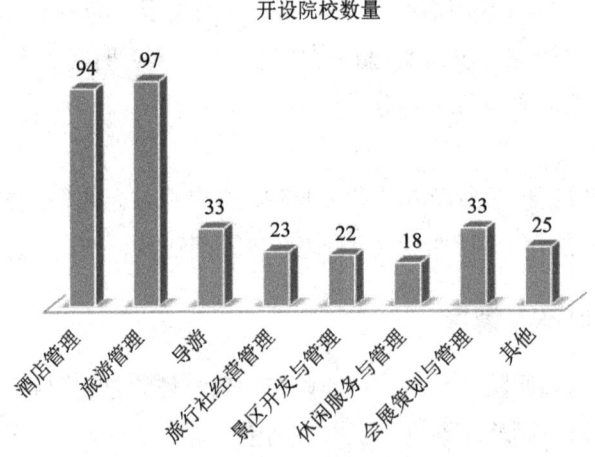

图3-2 各院校开设旅游类专业情况

据调查显示，52.24%的高职院校中的酒店管理专业为省级示范（或品牌/优势/特色）专业，46.27%的高职院校中的旅游管理为省级示范（或品牌/优势/特色）专业。

在所调查的中职院校中，开设专业占前3位的是旅游服务与管理（45.20%）、酒店服务与管理（29.80%）、导游服务（25.00%）。

（二）学生存量和当年招生人数（按专业招生）

1. 在校生人数

在所调查的院校中，大多数学校旅游类专业在校学生人数位于100~1000人的区间段中。进一步调查可以发现，在校人数位于500~1000人区间段的院校多位于江苏、浙江、广东、广西等地区，而在校生人数位于100人以下区间段的院校多位于宁夏、陕西等地区。可见，院校旅游类专业在校生人数明显和所在地的旅游发展水平和经济发达程度呈现正相关关系。

2. 2018年招生情况

从2018年的招生情况来看，32.83%的职业院校旅游类专业招生规模为100~300人，规模为300~500人的院校比例为23.88%，规模为100人以下的院校比例为22.39%，而规模为500~1000人的院校比例为10.45%，规模为1000~2000人的院校比例为2.99%，规模在2000人以上的院校比例为7.46%，具体情况如图3-3所示。进一步分析发现，2018年旅游类专业招生规模在1000人以上，基本是旅游类独立院校，如青岛酒店管理职业技术学院、桂林旅游学院、浙江旅游职业学院、南京旅游职业学院、郑州旅游职业学院等。这几家院校因其特色鲜明，皆为其所在省域范围同类院校中的翘楚，在全国也有较高的知名度和影响力，因此，招生情况较为理想。

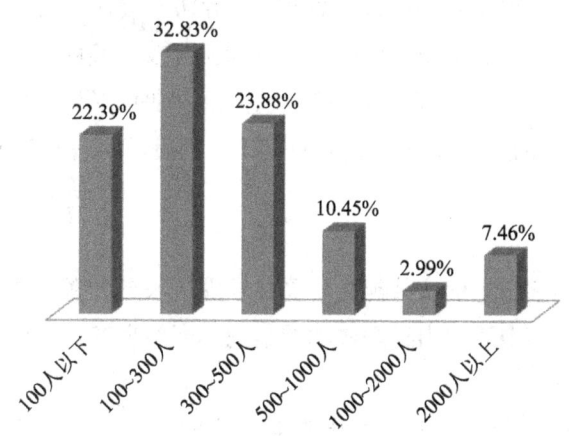

图3-3 2018旅游类专业招生规模各区间段院校占比情况

3. 各专业学生存量

据调查发现，在旅游类的所有专业中，46.27%的职业院校表示旅游管理专业（含旅游服务与管理专业）的在校生人数最多；37.31%的职业院校表示酒店管理专业（含酒店服务与管理专业）的在校生人数最多；7.45%的院校表示在校生人数最多的是旅游大类中的其他专业，如餐饮类专业等，具体情况如图3-4所示。

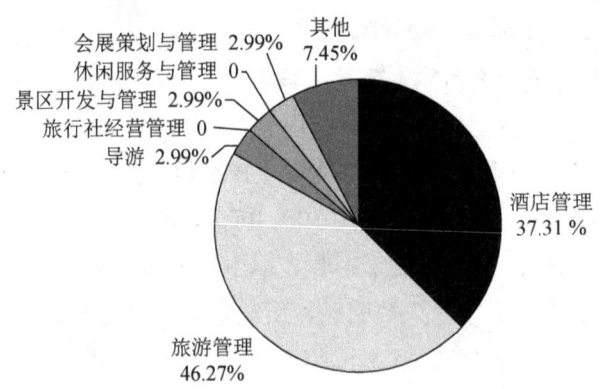

图 3-4 各院校关于在校人数最多的旅游类专业情况

4. 生源地情况

在对职业院校旅游类专业生源情况进行调查的过程中，可以发现，67.16% 的院校主要生源来自本省，7.46% 的院校主要生源来自周边省份，25.37% 的院校主要生源来自全国各地。这种现象与大多数职业院校自身的影响力限于省内及在招生上立足本省的政策等有密切的关系。

（三）学生就业情况

从学生的就业情况来看，2017 年，就业率居于前 3 位的旅游类专业是酒店管理（酒店服务与管理）、旅游管理（旅游服务与管理）、导游（导游服务）。调查表明，在一些旅游业发达的省份（如江苏、山东、广西等）的职业院校，其就业最好的专业就业率可以高达 100%。在被调查的院校中，83.58% 的院校，其就业情况最好的旅游类专业，就业率均在 95% 以上。此外，调查还发现，84% 的院校，其旅游类专业的初次就业对口率达到了 70% 以上。

（四）合作企业情况

为了提高专业教师和学生的实战能力，彰显职业院校的特色，绝大多数职业院校都会选择和企业进行合作。其中涌现出很多成功的案例，当然也存在一些问题和困难。

1. 合作专业及合作企业类型

在旅游类的专业中，酒店管理（酒店服务与管理）、旅游管理（旅游服务与管理）、导游（导游服务）、会展策划与管理（会展服务与管理）、景区服务与管理等专业是与旅游企业合作最为紧密的几大专业。进一步调查发现，合作企业的类型也是涉及多种业态的，其中合作最多的是酒店，其次是线下旅行社、景区、线上旅行社、会展公司等。这些旅游企业在旺季巨大的人才需求缺口，为旅游类专业的学生实践提供了很好的契机。

2. 合作内容

在校企合作的内容上，调研发现，95.52% 的学校采取了"提供实习基地的顶岗实习"

的形式。除此以外,还有51.64%的学校采取了"师资或行业专家共享"形式,28.66%的学校采取了"共同制订人才培养方案"的形式,11.19%的学校采取了"共建实习基地"的形式,除此以外,还有订单班培养、共同开发教材等形式。近几年餐饮类专业中现代学徒制的合作方式也在逐步兴起。

3. 顶岗实习时间

调查发现,61.19%的职业院校采取了"2+1"的人才培养模式,即两年的院校学习,加上一年的企业顶岗实习;14.93%的职业院校采取了"2.5+0.5"的人才培养模式,即两年半的院校学习,加上半年的企业顶岗实习,具体情况如图3-5所示。还有部分职业院校实施"1+1+1"的人才培养模式,即一年院校学习,一年企业顶岗实习,最后一年回到院校进行继续学习。

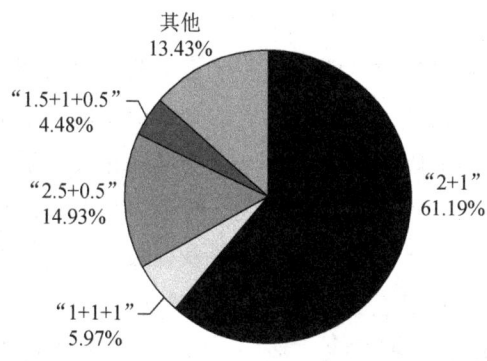

图3-5　各院校关于人才培养模式选择情况

（五）学校对合作企业评价

1. 就业实习岗位及数量

调查数据显示,旅游类企业提供的就业实习岗位以一线业务岗居多,其次是基层管理岗,再次是一线技术岗,具体如图3-6所示。其中,一线业务岗的岗位集中于餐厅服务员、客房服务员、酒店引导员、旅行社计调等;基层管理岗主要集中在酒店文员、酒店领班、旅行社门店店长;一线技术岗主要是导游、景区讲解员、厨师等。

2. 2017年招聘毕业生人数

2017年,旅游类专业学生进入旅游类企业工作就业的形势良好。37.31%职业院校表示,每个专业超过100个学生进入旅游类企业;29.85%的职业院校表示,每个专业有30~50个学生进入了旅游类企业。这说明旅游类专业学生对行业的认可度在逐步提升。进一步分析招聘人数最多的专业类别,发现酒店管理（酒店服务与管理）和旅游管理（旅游服务与管理）名列前茅。这个数据和前期院校各专业招生情况吻合。

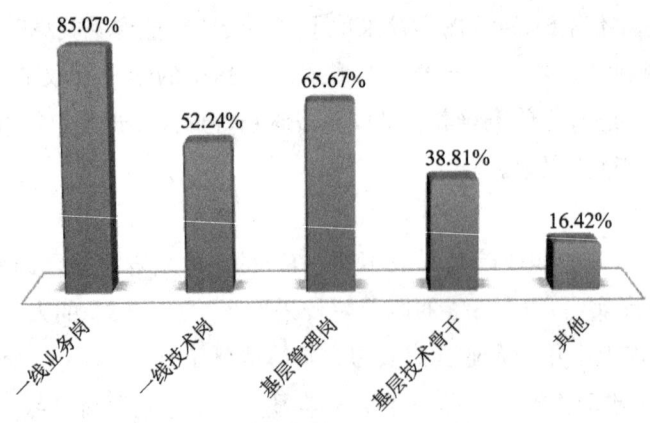

图 3-6　旅游类企业就业实习岗位情况

3. 企业实习薪酬

通过调查发现，绝大部分旅游企业实习薪酬集中在 1500~2000 元，与其他专业的实习薪酬相比，处于中等水平。在与一些实习学生的交流中发现，旅游类企业之间实习薪酬的差异，除了有企业效益的影响因素之外，还与企业性质相关。景区、酒店类企业，人员流动性较大，在旅游旺季到来之时，需求缺口大，所以，实习工资相对偏高，且能解决实习学生的餐饮及住宿问题。旅行社等企业，岗位数量有限，即便在旅游旺季，对人才需求数量也不多，因此，旅行社的实习工资与景区、酒店等企业相比，略微显低。但是，近几年线上旅行社发展势头强劲，人员缺口大，所以，实习薪酬较为可观。

4. 企业对毕业生的要求

在被问及企业最为看重的能力时，各个职业院校给出的意见大同小异，排在前 5 位的分别是吃苦耐劳、服务意识、忠诚度、专业知识、工作经验。这说明，对于一个服务性企业而言，相比专业知识和技能，企业更为看重学生的品质及服务意识等。这也给职业院校在修订人才培养方案时，特别是在课程设置和教学内容设计方面提供一些启示。

五、调研结论

课题组通过本次调研，在职业院校旅游人才供给方面呈现以下特点：

第一，专业开设集中度较高，新专业开设不足。调查发现，职业院校专业开设前 3 位的是旅游管理（旅游服务与管理）、酒店管理（酒店服务与管理）、导游（导游服务）。而新技术、新业态的旅游专业却少有体现。一些院校虽然开设了新业态专业，如旅游休闲服务与管理，但是招生情况并不理想。

第二，专业初次就业率较高，学生的行业忠诚度亟待加强。调查发现，旅游类专业学生初次就业情况较好，有些旅游发达省份，旅游类专业的学生的初次就业率近 100%。调研显示，大部分职业院校的旅游类专业初次就业对口率在 70% 以上。据行业的相关调查显示，学生在进入旅游行业之后，很少有长期从事此行业的学生，工作3年之后，选择继续从事本行业的人数为60%，5年之后选择继续从事本行业的人数只有不到30%。如此高的行业人才流失率在一定程度上限制了我国旅游行业的发展，职业院校学生的行业忠诚度培养亟待加强。

第三，校企合作仍以"顶岗实习"为主，合作广度深度还需加强。调研显示，校企合作依然以传统的"提供实习基地的顶岗实习"形式为主，其他如"现代学徒制""共同开发教材"等形式不多。此外，校企合作深度不够，合作流于形式。如在校企共建实习基地后，学校提供实习学生，企业接收学生，使其成为准员工，有些学校就放手不管，企业也疏于培养，学生成为廉价劳动力。

第四，学生的职业道德及服务意识需要着力培养。调查发现，旅游类企业提供的就业实习岗位以首先一线业务岗居多，其次是基层管理岗，最后是一线技术岗。相比专业知识和技能，企业更为看重学生的品质及服务意识等。这要求职业院校在人才培养的过程中，应高度重视学生的职业道德的教育和服务意识的培养，使职业道德、服务意识等慢慢扎根于学生的内心。

第四章 职业教育旅游类人才需求规模预测与分析

一、人才需求规模现状分析

（一）旅游产业发展迅猛，人才总量供给不足

随着全面建成小康社会持续推进，旅游已经成为人民群众日常生活的重要组成部分，我国旅游业进入大众旅游时代。从旅游收入和游客接待量来看，2017年全年国内游客达到50.01亿人次，比上年增长12.8%；国内旅游收入4.57万亿元，增长15.9%；入境游客13948万人次，增长0.8%；国际旅游收入1234亿美元，增长2.9%；中国公民居民出境13051万人次，增长7.00%；全年实现旅游总收入5.40万亿元，增长15.1%。① 课题组通过对2010年至2017年国内旅游市场统计数据进行整理，得到图4-1。由图4-1可以看出，中国旅游业的发展呈可持续增长态势。

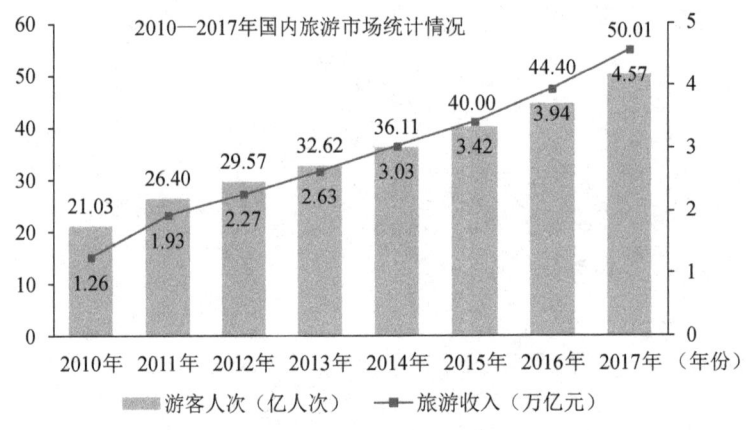

图4-1 中国旅游总人次与旅游业总收入

我国《"十三五"旅游业发展规划》明确提出："到2020年，旅游市场总规模达到67亿人次，旅游业总收入达到7万亿元。"为实现上述目标，未来两年，旅游市场总规模年均增长为8.495亿人次，年均增长率要达到15%~16%；旅游总收入年均增长为1.215万亿元，年均增长率要达到23%~24%。可见，"十三五"期间，我国旅游业必将有较大的发

---

① 2017年全年旅游市场及综合贡献数据报告，国家旅游局数据中心，2018年2月。

展，旅游就业人才需求旺盛，2020年旅游业直接就业人数将达3300万人[①]。

此外，课题组通过从专业招聘网站"前程无忧""智联招聘""58同城""最佳东方"上抓取的数据来看，仅2018年11月一个月，全国旅游类相关企业共发布招聘信息122233条，可以看出，我国旅游人才市场需求旺盛。

（二）旅游新业态人才需求旺盛，人才供给结构失衡

目前我国的旅游业正处于转型升级中，一方面传统观光旅游要提升品质，需要大量的从事市场营销、旅游娱乐管理、旅游规划、旅游景区管理、旅游物业管理等高素质管理人才。另一方面文化体验游、乡村民宿游、休闲度假游、生态和谐游、城市购物游、工业遗产游、研学知识游、红色教育游、康养体育游、邮轮游艇游、自驾车房车游，这些新的旅游业态呼唤着新的旅游专业人才。

以邮轮管理人才需求为例，根据上海国际航运研究中心发布的《2030年中国航运发展展望》预测，2030年我国每年邮轮旅客量将达到800万~1000万人次，超过美国，成为全球第一大邮轮旅游市场。显然目前邮轮服务与管理的人才培养是严重滞后的。

二、需求规模预测理论模型、计算工具及数据来源

（一）灰色预测 GM（1，1）模型

本次预测，采用的模型是灰色系统模型。所谓灰色系统，是指既含有已知信息，又含有未知信息的系统，是由邓聚龙教授在1986年提出的。由于它具有所需因素少、模型简单、运算方便、预测精度高等优点，可以较好地对非线性系统进行预测。在旅游人才需求的预测系统中，人才总数、结构等信息是已知的，但也受外界诸如政治、经济、文化、科技、自然灾害等因素的影响，存在很大的不确定性，非常符合灰色系统的特点，所以，可以用灰色系统理论对旅游人才需求进行预测。

灰色系统常用的预测模型是GM（1，1）模型，GM（1，1）模型表示一阶的、单变量的线性动态预测模型，其预测原理是将离散的随机数经过生成变成随机性被显著削弱的较有规律的生成数，在此基础上建立数学模型，建模步骤如下：

1. 历史数据的采集和累加序列的生成

设研究对象的历史数据为

$$X^{(0)}=\{X^{(0)}(1), X^{(0)}(2), X^{(0)}(3), \cdots, X^{(0)}(n)\}$$

一般情况下，对于给定的原始数据列不能直接用于建模，因为这些数据多为随机的、无规律的，为了减弱原始数据序列的波动性和随机性，需对原始序列进行数据处理，即通过累加生成方式将原始数据列转化为规律性较强的递增数列，累加的规则如下：将原始序列的第一个数据作为生成列的第一个数据，将原始序列的第二个数据加到原始序列的第一

[①] 国家旅游局发布的《"十三五"旅游人才发展规划纲要》，2017年7月3日。

个数据上,其和作为生成列的第二个数据,将原始序列的第三个数据加到生成列的第二个数据上,其和作为生成列的第三个数据,按此规则进行下去,便可得到生成列。

设累加后生成的序列为

$$X^{(1)} = \{X^{(1)}(1), X^{(1)}(2), X^{(1)}(3), \cdots, X^{(1)}(n)\}$$

$$X^{(m)}(k) = \sum_{i=1}^{k} X^{(m-1)}(i)$$

上标(1)表示一次累加,同理,可作 m 次累加:其中对于非负的数据列,累加的次数越多,则随机性弱化越明显,规律性越增强,这样就较容易用指数去逼近。经过这样的数据处理能达到两个目的:一是弱化了原始数据列的随机性,而找到了其变化的规律性;二是为建立动态模型提供了中间信息。

累减,就是将原始序列前后两个数据相减得到累减生成列。累减是累加的逆运算,累减可将累加生成列还原为非生成列,在建模中获得增量信息。

一次累减的公式为

$$X^{(1)}(k) = X^{(0)}(k) - X^{(0)}(k-1)$$

2. 构建GM(1,1)模型

在第1步中已经生成了 $X^{(0)}$ 和 $X^{(1)}$ 序列,则GM(1,1)模型相应的微分方程为

$$\frac{dX^{(1)}}{dt} + aX^{(1)} = \mu$$

式中,a 称为发展灰数;μ 称为内生控制灰数。

设 $\hat{a}$ 为待估参数向量,

$$\hat{a} = \begin{pmatrix} a \\ \mu \end{pmatrix}$$

$$\hat{a} = (B^T B)^{-1} B^T Y_n$$

根据最小二乘法有:

$$B = \begin{bmatrix} -\frac{1}{2}(X^{(1)}(1) + X^{(1)}(2)) & 1 \\ -\frac{1}{2}(X^{(1)}(2) + X^{(1)}(3)) & 1 \\ \vdots & \vdots \\ -\frac{1}{2}(X^{(1)}(n-1) + X^{(1)}(n)) & 1 \end{bmatrix}, \quad Y_n = \begin{bmatrix} X^{(0)}(2) \\ X^{(0)}(3) \\ \vdots \\ X^{(0)}(n) \end{bmatrix}$$

求解微分方程，即可得预测模型：

$$\hat{X}^{(1)}(k+1) = \left[X^{(0)}(1) - \frac{\mu}{a}\right]e^{-ak} + \frac{\mu}{a} \quad k=0, 1, 2, \cdots, n$$

（二）计算工具、数据来源及误差检验

1. 编制计算软件

GM（1，1）模型的计算涉及矩阵运算，特别是求逆矩阵，相当复杂和烦琐，并且容易出错，所以，用手工计算去实现 GM（1，1）模型显然是不现实的，必须借助计算机进行运算，才能快速、准确地获得结果。课题组采用的 Python 语言编写计算程序来实现整个 GM（1，1）模型计算过程，并用这一程序进行人才需求的预测。

2. 需求总量数据来源

为了保证数据的准确和权威，本次使用的人才需求数据的来源有如下 6 个：

①2011 年至 2016 年的《中国旅游统计年鉴》中关于星级酒店、旅行社、景区就业人数的相关数据。

②2014 年至 2017 年的全国旅游业直接从业人数数据来源为中国旅游研究院发布的《中国旅游业统计公报》。

③课题组与南京奥派信息技术有限公司合作，从"智联招聘""前程无忧""58 同城""最佳东方"四大人才招聘网站上，通过网络爬虫技术抓取的旅游企业发布的招聘信息。

④国家统计局 2011 年至 2013 年全国就业人数数据。

⑤2011 年至 2017 年《中国统计年鉴》中住宿业从业人员数据。

⑥人工从 51job 网站上收集、整理的招聘信息数据。

3. 后验差检验

本课题采用后验差检验法评判模型的精度。后验差是对残差分布的统计特性进行精度检验，考察残差较小的点出现的概率，以及与残差方差有关的指标的大小，该检验法由后验差比值 C 和小误差概率 P 来共同描述。

设 $X^{(0)}$ 为原始序列，$\overline{X}^{(0)}$ 为相应的模拟序列，$\varepsilon^{(0)}$ 为残差序列，$\overline{X} = \frac{1}{n}\sum_{k=1}^{n} X^0(k)$ 和 $S_1^2 = \frac{1}{n}\sum_{k=1}^{n}(X^0(k)-\overline{X})^2$ 分别是 $X^{(0)}$ 的均值和方差，$\overline{\varepsilon} = \frac{1}{n}\sum_{k=1}^{n}\varepsilon(k)$ 和 $S_2^2 = \frac{1}{n}\sum_{k=1}^{n}(\varepsilon(k)-\overline{\varepsilon})^2$ 分别为残差的均值和方差，称 $C = \frac{S_2}{S_1}$ 为均方差比值，称 $p = P\{|\varepsilon(k)-\overline{\varepsilon}| < 0.6745 S_1\}$ 为小误差概率，均方差比值 C 越小越好，小误差概率 P 越大越好。

按照 C 和 P 两个指标，可以综合评判模型精度，各精度等级如表 4-1 所示。

表 4-1　后验差检验法精度等级

模型精度等级	后验差比值 C	小误差概率 P
一级（好）	$C < 0.35$	$0.95 < P$
二级（合格）	$0.35 \leq C < 0.50$	$0.80 < P \leq 0.95$
三级（勉强合格）	$0.50 \leq C < 0.65$	$0.70 < P \leq 0.80$
四级（不合格）	$0.65 \leq C$	$P \leq 0.70$

三、需求规模预测与分析

（一）旅游行业人才需求量预测与分析

2011 年至 2017 年全国旅游业直接从业人数如表 4-2 所示。其中，2014 年和 2017 年的直接就业人数是国家旅游局公布的统计数据，2011 年至 2013 年的数据是根据全国旅游工作会议上文件推算出来的，具体算法如下：2014 年至 2017 年，每年的旅游统计公报中旅游直接和间接就业人数占全国就业总人数的比例逐年增高，2014 年为 10.19%，2015 年为 10.2%，2016 年为 10.26%，2017 年为 10.28%，这 4 年平均年递增率为 0.03%，按此比率推算，2011 至 2013 年的占比分别为 10.10%、10.13%、10.16%，而旅游直接就业人数占旅游直接和间接就业人数的比例各年份变化不大，一般为 35%，设旅游直接就业人数为 T，全国就业总人数为 P，则根据上述分析，2011 年的旅游直接就业人数为 $T = P \times 0.101 \times 0.35$，而每年的全国就业总人数 P 可以从国家统计局网站上查到，代入公式计算即可得到 2011 年旅游业直接就业人数。同法可得 2012 年和 2013 的旅游直接就业人数。

表 4-2　2011—2017 年旅游行业直接从业人数

年份	2011	2012	2013	2014	2015	2016	2017
就业人数（万人）	2701	2720	2737	2779.4	2798	2813	2825

利用软件计算后，得出预测相对误差如表 4-3 所示，实际值和预测值对比如图 4-2 所示。后验差比：$C=0.028$，小概率误差：$P=1$，预测精度为 1 级，模型预测效果好，所以，可以应用灰色系统模型进行预测。根据从四大招聘网站的数据分析，只有约 5% 的旅游人才工作岗位的学历要求本科及以上学历，即 95% 的岗位中高职毕业生可以胜任，令当年需求人数为 Y，前一年的需求人数为 PY，则当年新增工作岗位需高职院培养的数量为 $T = (Y-PY) \times 0.95$，最终预测出 2019 年至 2021 年全国旅游人才总量需求和需要职业院校培养的数量如表 4-4 所示。2017 年全国旅游管理类高职专业共招生 11.3 万人，中职专业共招生 10.2 万人，职业院校共招生 21.5 万人，此批学生 2020 年毕业，按《2018 中国高等

职业教育质量年度报告》数据，2017年高职院毕业生升本率约为16%，按此比例计算，2020年旅游类高职毕业生约为9.5万人，旅游职业院校合计毕业生约19.7万人，而2020年预测新增岗位中需职业院校培养的为21.76万人，供给小于需求，旅游职业院校毕业生就业有空间，可以稳定招生规模，不断提高毕业生的综合素质。

表 4-3　实际就业人数与预测需求人数对比

年份	2011	2012	2013	2014	2015	2016	2017
实际就业人数（万人）	2701	2720	2737	2779.4	2798	2813	2825
预测需求人数（万人）	2701	2724	2745.7	2767.5	2789.5	2811.7	2834
相对误差	—	0.15%	0.32%	0.43%	0.30%	0.05%	0.32%
平均相对误差	—	0.26%					

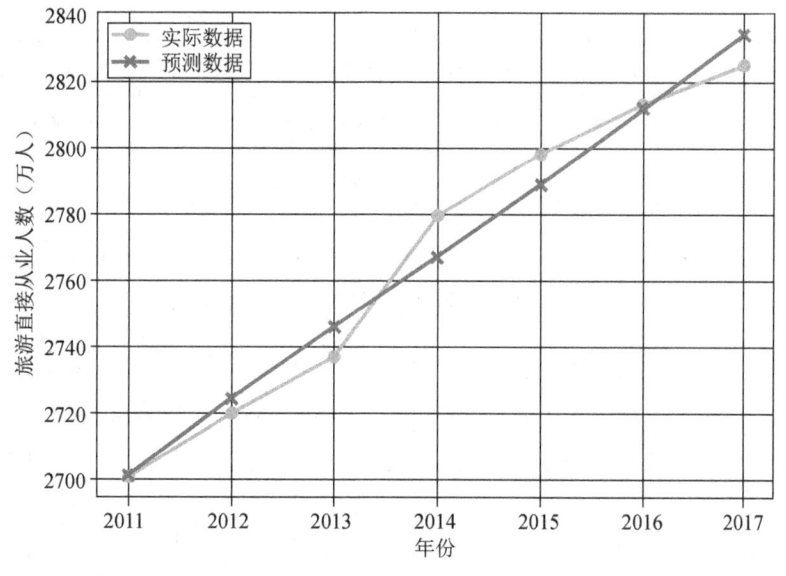

图 4-2　旅游直接从业人数实际数据与预测数据对比

表 4-4　2018—2021年旅游人才需求总量预测

年份	2018	2019	2020	2021
预测人才（万人）	2856.6	2879.3	2902.2	2925.2
新增工作岗位人数（万人）	—	22.7	22.9	23
新增岗位需职业院校培养人数（万人）	—	21.57	21.76	21.85

（二）酒店行业职业院校人才需求预测与分析

2011—2016 年全国星级酒店实际从业人数如表 4-5 所示，可以看出，2012 年星级酒店的从业人数最多，之后的 4 年，从业人数开始减少。

表 4-5　2011-2016 年星级酒店从业人数统计

年份	2011	2012	2013	2014	2015	2016
就业人数（万人）	154.275 1	159.059 0	150.249 6	136.186 9	134.450 3	119.656 4

使用软件计算的过程，本节不再详细讨论，只给出结果：预测误差如表 4-6 所示；后验差比 $C=0.03$，小概率误差 $P=1$，预测精度为 1 级，模型预测效果好，所以，可以应用灰色系统模型进行预测。

表 4-6　星级酒店就业人数与预测人数对比

年份	2011	2012	2013	2014	2015	2016
实际就业人数（万人）	154.275 1	159.059 0	150.249 6	136.186 9	134.450 3	119.656 4
预测需求人数（万人）	154.275 1	159.378 8	148.971 0	139.242 9	130.150 1	121.651 0
相对误差	0.00%	0.2%	0.8%	2%	3%	2%
平均误差	1.3%					

星级酒店直接从业人数实际数据与预测数据对比如图 4-3 所示。

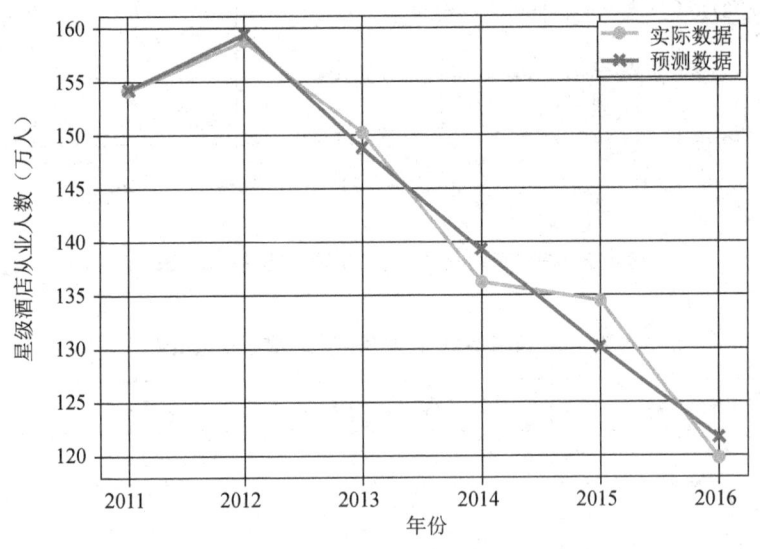

图 4-3　星级酒店直接从业人数实际数据与预测数据对比

预测 2019—2020 年星级酒店人才需求量如表 4-7 所示。

表 4-7 2018—2021 年星级酒店人才需求预测

年份	2018	2019	2020	2021
预测人才（万人）	106.281 7	99.341 3	92.854 1	86.790 5

2011—2017 年全国住宿业（为限额以上住宿单位，即年主营业务收入 200 万元及以上）从业人数如表 4-8 所示，可以看出，从 2011 年开始，从业人数逐年减少。

表 4-8 2011—2017 年住宿业从业人数

年份	2011	2012	2013	2014	2015	2016	2017
就业人数（万人）	215.7	210.8	209.4	197.9	191.2	186.3	182.1

预测误差如表 4-9 所示；后验差比 $C=0.022$，小概率误差 $P=1$，预测精度为 1 级，模型预测效果好，所以，可以应用灰色系统模型进行预测，预测 2018 年至 2021 年住宿业人才需求如图 4-10 所示。

表 4-9 住宿业就业人数与预测人数对比

年份	2011	2012	2013	2014	2015	2016	2017
就业人数（万人）	215.7	210.8	209.4	197.9	191.2	186.3	182.1
预测人数（万人）	215.7	212.3	205.6	199.1	192.7	186.8	180.9
相对误差	—	0.71%	1.81%	0.61%	0.78%	0.27%	0.66%
平均误差	0.81%						

住宿从业人数实际数据与预测数据对比如图 4-4 所示。

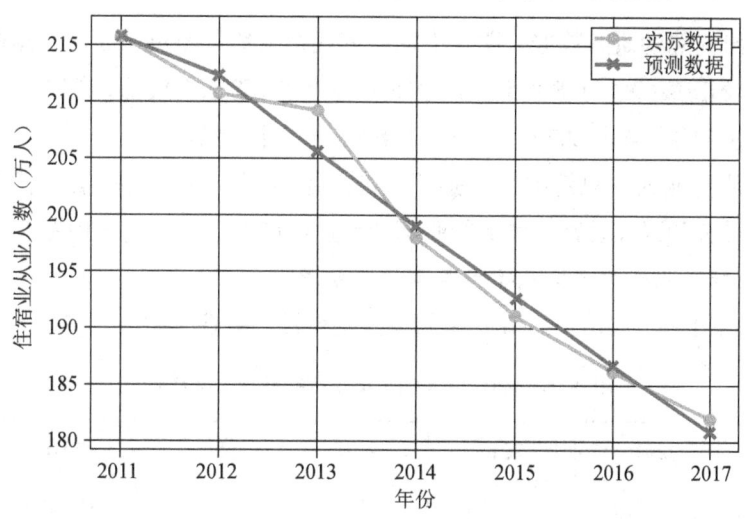

图 4-4 住宿业从业人数实际数据与预测数据对比

表4-10 2018—2021年住宿业人才需求预测

年份	2018	2019	2020	2021
预测人才数（万人）	175.2	169.7	164.3	159.2

从表4-7和表4-10所示的预测数据来看，星级酒店和住宿业的就业人数逐年减少，没有提供新的工作岗位，但这不意味酒店企业不需要职业院校培养人才，这是因为：一方面，星级酒店和限额以上住宿业在整个住宿业市场中占比不大，仅仅靠这两者的统计数据，无法认识整个中国住宿业市场的全貌；另一方面，在各种鼓励民宿发展政策的持续利好下，中国民宿业市场将越来越繁荣。根据中商产业研究院的数据，2014—2016年我国民宿数量如表4-11所示。使用软件进行计算后，后验差比$C=5\times10^{-5}$，小概率误差$P=1$，预测精度为1级，模型预测效佳，所以，可以应用灰色系统模型进行预测，预测2018—2021年民宿数量如表4-12所示。

表4-11 2014—2016年民宿数量

年份	2014	2015	2016
民宿数量（家）	30 200	42 658	50 200

表4-12 2018—2021年民宿数量预测

年份	2018	2019	2020	2021
预测民宿数量（家）	69 280	81 499	95 874	112 784
新增数量（家）	—	12 219	14 375	16 910

中商产业研究院的研究数据表明，平均每家民宿大约需要员工5名，据此计算，2020年需要职业院校培养6.83万毕业生（14 375×5×0.95=68 281），而2017年职业院校共招收6.7万名学生，此批学生2020年毕业，届时需求大于供给。

综上，酒店行业人才总量的供给是不足的。旅游职业院校应根据酒店市场需求的变化，调整专业设置和课程设置，增加新业态的专业或课程，如民宿管理专业等。

（三）旅行社行业职业院校人才需求预测与分析

表4-13中的数据为2011—2016年的全国旅行社的就业人数。

表4-13 2011—2016年旅行社从业人数统计

年份	2011	2012	2013	2014	2015	2016
就业人数（万人）	29.975 5	31.822 3	33.999 3	34.131 2	33.403 3	34.621 9

使用编制的程序计算后,相对误差如表 4-14 和图 4-5 所示,后验差比 $C=0.14$,小概率误差 $P=1$,预测精度为 1 级,完全可以用于预测旅行社的人才需求。

表 4-14　旅行社实际就业人数与需求预测对比

年份	2011	2012	2013	2014	2015	2016
实际人才数（万人）	29.975 5	31.822 3	33.999 3	34.131 2	33.403 3	34.621 9
预测人才数（万人）	29.975 5	32.610 1	33.095 3	33.587 7	34.087 5	34.594 7
相对误差	0.00%	2.46%	2.67%	1.59%	2.01%	0.079%
平均误差	1.47%					

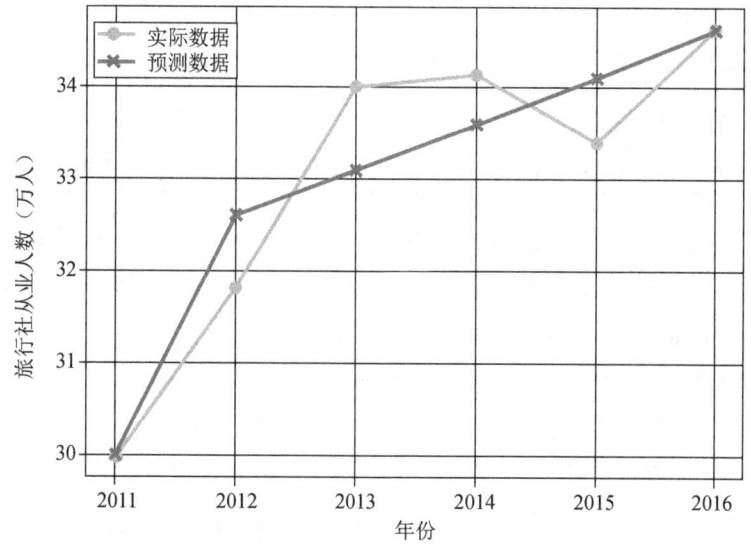

图 4-5　旅行社直接从业人数实际数据与预测数据对比

最终的全国旅行社 2018—2021 年的人才需求量和需要高职院培养的数量预测结果如表 4-15 所示。

表 4-15　2018—2021 年旅行社人才需求预测

年份	2018	2019	2020	2021
预测人才数（万人）	35.631 9	36.162 0	36.700 1	37.246 2
新增旅行社岗位人数（人）	—	5301	5381	5461
新增旅行社岗位需职业院校院培养人数（人）	—	5036	5112	5188

2017 年全国高职旅行社经营与管理专业共招生 616 人,中职院校该专业未招生,职业院校共招生 616 人,此批学生 2020 年毕业,而 2020 年预测新增岗位中需职业院校培养

的为 5112 人。供需缺口较大，旅行社经营与管理专业毕业生有较大的就业空间，可以扩大招生规模。

（四）导游及领队职业院校人才需求预测与分析

导游及领队近年来的具体就业数据，《中国旅游统计年鉴》中没有提供，课题组只能利用间接数据进行估算，根据从"前程无忧"人工检索及整理的数据来看，2018 年 11 月至 2018 年 12 月，旅游类的招聘岗位中，导游及领队岗位约占总信息的 4.9%，据此估计，导游及领队大约占旅游总人才需求的 4.9% 左右，再根据表 4-4，估算后，可以得出 2018—2021 年导游及领队的人才需求量，如表 4-16 所示。

表 4-16 2018—2021 年导游及领队人才需求预测

年份	2018	2019	2020	2021
预测人才（万人）	139.973 4	141.085 7	142.207 8	143.334 8
新增工作岗位人数（万人）	—	1.112 3	1.122 1	1.127 0
新增岗位需职业院校培养人数（万人）	—	1.056 7	1.066 0	1.070 7

2017 年全国高职导游类专业共招生 4000 人，中职院校导游专业招生 5766 人，职业院校共招生 9766 人，此批学生 2020 年毕业，而 2020 年预测新增岗位中需职业院校培养的为 10 660 人，需求略大于供给，招生规模可以相对稳定。

（五）景点景区业职业院校人才需求预测与分析

2011—2016 年景区的就业人数如表 4-17 所示，可以看出，2014 年和 2016 年景区的就业人数比前 3 年多出了很多，课题组分析了这 6 年的数据，推测 2011—2013 年的景区就业人数的统计口径可能和 2014—2016 年的不一致，所以，课题组去掉了 2011 年和 2013 年的数据，基于 2014—2016 年连续 3 年的数据进行预测，虽然数据样本变少，但灰色系统理论恰恰适用于样本少、贫信息，经过计算，得出如表 4-18 和图 4-6 所示的误差，可以发现，误差很小，后验差比 $C=1.27\times 10^{-5}$，小概率误差 $P=1$，预测精度为 1 级，说明可以应用灰色系统模型预测景区的人才需求。经过软件计算，得出表 4-19 所示的景区人才需求预测。

表 4-17 2011—2016 年景区就业人数

年份	2011	2012	2013	2014	2015	2016
就业人数（万人）	20.149 5	22.643 4	23.796 1	121.538 4	122.923 8	128.770 6

表 4-18　实际就业人数和预测人数对比

年份	2014	2015	2016
实际就业人数（万人）	121.538 4	122.923 8	128.770 6
预测人才需求数（万人）	121.538 4	122.901 2	128.745 8

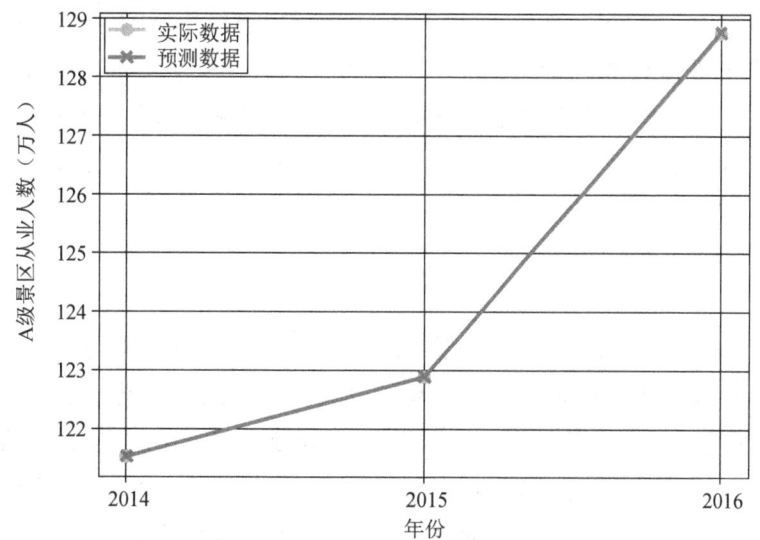

图 4-6　景区直接从业人数实际数据与预测数据对比

表 4-19　2018—2021 年 A 级景区人才需求预测

年份	2018	2019	2020	2021
预测人才数（万人）	141.282 2	148.000 9	155.039 2	162.412 2
新增景区岗位人数（万人）	—	6.718 7	7.038 3	7.373 0
新增景区岗位需职业院校培养人数（万人）	—	6.382 8	6.686 4	7.004 4

2017 年全国高职景区管理类专业共招生 983 人，中职该专业未招生，职业院校共招生 983 人，此批学生 2020 年毕业，而从表 4-19 的预测情况看，2020 年预测新增岗位中需职业院校培养的为 66 864 人。可以得出，未来几年，景区的人才需求是巨大的，而目前职业院校景区管理专业毕业生数量不多，因此，应扩大该专业的人才培养规模。

（六）旅游新业态高职人才需求预测与分析

根据文化和旅游部最新发布的《关于提升假日及高峰期旅游供给品质的指导意见》，未来将着力开发文化体验游、乡村民宿游、休闲度假游、生态和谐游、城市购物游、工业遗产游、研学知识游、红色教育游、康养体育游、邮轮游艇游、自驾车房车游 11 个旅游新业态。据此，课题组从"前程无忧"上采集了北京、上海、广州、深圳、南京、成都、湖州、三亚、厦门、天津 10 个城市的自驾房车旅游、民宿旅游、度假旅游、会展旅游、旅游电商、邮轮/游艇旅游 6 个旅游新业态的人才招聘需求信息，结果如表 4-20 所示。

表 4-20　2018 年 12 月至 2019 年 1 月北上广深宁等 10 城市旅游人才需求信息统计表

岗位	房车旅游	民宿旅游	度假旅游	会展旅游	旅游电商	邮轮旅游
信息数量	163	272	840	988	6867	210

从表 4-20 中可以看出，度假旅游、会展旅游、旅游电商人才需求信息较多，特别是旅游新技术（电子商务、智慧旅游）人才需求量较大。可见，随着互联网技术在旅游产业的深入运用，旅游企业更趋向于需要综合素质好、兼具跨界知识与技能的人才，这对旅游人才培养提出了新的要求。

四、小结

为了进行职业教育旅游人才需求规模预测，本章引入了灰色系统 M（1，1）模型，使用 Python 语言编程实现了 GM（1，1）模型，利用历年的中国旅游统计年鉴、中国统计年鉴、中国旅游业发展公报等官方数据及网络抓取数据，对 2018 年至 2021 年的职业教育旅游人才总量需求，以及酒店、旅行社、导游及领队、景区等职业教育旅游人才需求进行了预测，为旅游职业教育质量提升和旅游人才培养供给侧改革等提供依据。

第五章 旅游类人才岗位需求预测与质量要求分析

本章利用网络爬虫技术，重点对旅行社、酒店、景区三类旅游企业的岗位人才需求进行预测，并运用构建的旅游人才质量词典指标体系，对三类旅游企业的岗位人才需求质量要求进行分析，旨在为职业院校旅游类专业的人才培养提供理论依据和支撑。

一、旅游类人才岗位需求的质量分析框架

为了科学分析旅游企业岗位群需要的人才质量，课题组设计了旅游类人才岗位需求的质量分析框架体系，如图5-1所示。该框架体系主要包括数据采集、数据处理、数据分析、结果呈现4个模块。

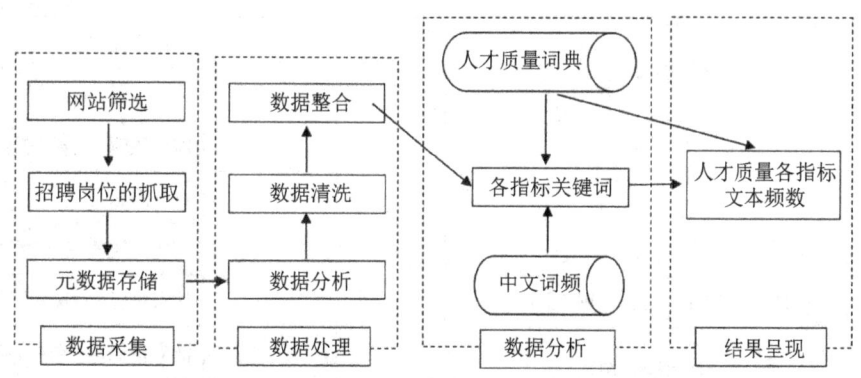

图 5-1 旅游类人才岗位需求的质量分析框架

（一）数据采集模块

为了保证数据的准确性和权威性，课题组与南京奥派信息技术有限公司合作，从"智联招聘""前程无忧""58同城""最佳东方"四大人才招聘网站上，利用网络爬虫技术将旅游类企业的主要岗位作为关键词确定数据抓取范围，采集2018年10月到12月共3个月的旅游企业发布的招聘信息，形成元数据并存储。

（二）数据处理模块

数据处理模块的核心是文本挖掘，首先对抓取的数据内容进行清洗和规范；然后使用中文分词技术，筛选出有分析价值的关键词；最后将处理过的关键词进行整合，作为可供正式分析的对象。

（三）数据分析模块

数据分析模块的主要任务是实现旅游人才质量词典的构建。首先将筛选出来的关键词，运用鱼骨分析法进行归类分析；然后采用专家打分法和因子分析法对指标进一步筛选，构建最终的词典类目为旅游人才质量分析提供基础。

（四）结果呈现模块

结果呈现阶段是应用挖掘结果解决现实问题的过程，该模块的主要功能是展示文本数据，发布分析结论。本课题是根据分析模块获得的数据利用频数统计方法分析旅游类企业主要岗位对人才质量的要求。

二、旅游人才质量词典指标体系的构建

（一）旅游类企业的主要岗位覆盖

为了便于数据采集，课题组通过网络调研及企业调研对旅游类企业的主要工作岗位进行了梳理，具体覆盖岗位如表 5-1 所示。

表 5-1 旅游类企业的主要岗位覆盖

企业类型	部门	岗位	企业类型	部门	岗位
旅行社	营销	旅游顾问	酒店	前台	总机经理/主管/领班/员工
		旅游产品销售			礼宾经理/主管/领班/员工
		渠道专员			前台经理/主管/领班/员工
		渠道/分销经理/主管		客房	房务部总监
		渠道经理/总监			客房部经理/行政管家
		电话客服			楼层经理/主管/领班
		网络/在线客服			洗衣房经理/布草/制服主管/领班
		客服专员/助理/经理			公共区域（PA）经理/主管
	计调	计调			客房部员工
		证照		工程	工程部总监/总工程师/工程部经理/主管/领班
	导游	导游			计算机网管/IT技术人员
		领队			工程师
				餐饮	餐饮总监
					宴会服务经理/主管/领班/员工

续表

企业类型	部门	岗位	企业类型	部门	岗位
景区	营销	票务	酒店	餐饮	西餐厅经理/主管/领班/员工
		渠道专员			中餐厅经理/主管/领班/员工
	接待	导游讲解			管事部经理/总管事/管事部主管/领班/员工
		景区交通			送餐经理/送餐主管/领班/员工
		客服			酒吧经理/主管/领班/员工
	运维	环境监控			大堂吧经理/主管/领班/员工
		设施设备维护			咖啡厅经理/主管/领班/员工
	娱乐表演	游乐设计			酒水经理/主管/领班
		编导			调酒师/侍酒师
		戏剧/表演/舞台			茶艺师
		制作节目编排		营销	销售总监/经理
		乐园运营			市场传讯总监/经理
		乐园策划			收益分析经理/主管
民宿		民宿店长/管家			预订经理/主管/领班/预订员
邮轮		海乘		人力资源	人事经理/专员
会展		会展策划			培训经理/专员
		会展服务			薪资经理/专员

（二）旅游人才质量词典类目构建

1. 旅游人才质量词典的初步指标体系

根据数据处理模块中筛选出来57个有价值的关键词，采用鱼骨分析法进行分类（见图5-2），对57个有价值的关键词进行归类总结，发现可进一步归结为职业道德与责任、心理素质、人文素养、专业知识与能力、管理组织能力、身体素质、团队协作能力、计算机能力、创新能力、服务意识、观察能力、人际交往与沟通能力、外语能力、终身学习能力、工匠精神、营销能力16个类别，形成旅游人才质量词典的初步指标体系（见表5-2）。

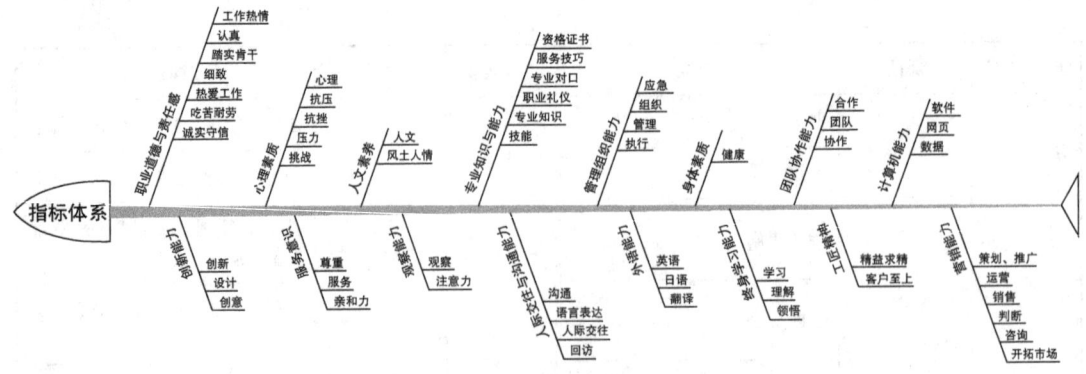

图 5-2　旅游人才质量词典的关键词鱼骨分析图

表 5-2　旅游人才质量词典的初步指标体系

一级指标	二级指标	三级指标	关键词
旅游人才质量	素质	A 职业道德与责任感	A1 踏实肯干；A2 工作热情；A3 认真；A4 细致；A5 热爱工作；A6 吃苦耐劳；A7 诚实守信
		B 身体素质	B1 健康
		C 心理素质	C1 心理；C2 抗压；C3 抗挫；C4 压力；C5 挑战
		D 服务意识	D1 尊重；D2 服务；D3 亲和力
		E 人文素养	E1 人文；E2 风土人情
		F 工匠精神	F1 客户至上；F2 精益求精
	能力	G 人际交往与沟通能力	G1 沟通；G2 语言表达；G3 人际交往；G4 回访
		H 专业知识与技能	H1 资格证书；H2 服务技巧；H3 专业对口；H4 职业礼仪；H5 专业知识；H6 技能
		I 管理组织能力	I1 应急；I2 组织；I3 管理；I4 执行
		J 外语能力	J1 英语；J2 日语；J3 翻译
		K 观察能力	K1 观察；K2 注意力
		L 终身学习能力	L1 学习；L2 理解；L3 领悟
		M 团队协作能力	M1 合作；M2 团队；M3 协作
		N 创新能力	N1 创新；N2 设计；N3 创意
		O 计算机能力	O1 软件；O2 网页；O3 数据
		P 营销能力	P1 策划、推广；P2 运营；P3 销售；P4 判断；P5 咨询；P6 开拓市场

2. 旅游人才质量词典指标体系的调整

为保证旅游人才质量词典指标体系的科学性和合理性，课题组遴选了 20 位专家（4

位旅游行业专家、8位高职类专业的教授、8位旅游企业人力资源高管)通过专家打分法获得数据。打分的原则如下:将各项指标逐一进行1~5分打分,其中1~5分分别代表该项指标"不重要""重要性较小""一般重要""比较重要""非常重要"。由于指标的打分建立在专家的主观层面上,误差在所难免。为了进一步验证指标的科学合理性,课题组对打分的各项指标进行信度和效度检验。

(1) 指标的信度检验

信度分析 (Reliability Analysis) 又称为可靠性分析,通常用于检测被测量对象的可靠性程度。它指的是用相同的方式重复测量同一对象,得到的结果的一致程度,信度可以用相关性表示。在实践中,常用的信度分析方法主要有克隆巴赫 Cronbach's Alpha 系数、折半信度、重测信度法和复本信度法等。Cronbach's Alpha 信度系数是目前最常用的信度系数,它适用于态度、意见式问卷的信度分析。本课题采用 Cronbach's Alpha 系数检验信度,通常该系数越高,说明专家打分的信度越高,得到的指标体系信度也就越高。CA系数 ≥ 0.9 代表信度较高,CA系数在 0.8~0.9 代表信度在可以接受范围,CA系数在 0.7~0.8 代表信度有待于改善,CA系数 < 0.7 则代表信度不合理,本文将专家打分的相关数据输入 SPSS 20.0 进行分析,具体数据如表5-3所示。

表5-3 旅游人才质量初步指标体系的可靠性统计

Cronbach's Alpha	基于标准化项的 Cronbachs Alpha	项数
0.790	0.790	16

CA系数=0.790表示指标体系的信度一般需要优化。下一步的效度检验可对指标体系进行优化。

(2) 指标的效度检验

效度分析 (Validity Analysis) 主要是检验指标体系的准确程度。效度主要有3种类型:内容效度、构想效度和效标效度。本课题组构建的初步指标体系涉及的是构想效度 (Construct Validity),一般用于检验指标体系的结果与理论假设的相关性,同时也对指标体系进行优化。本章采用因子分析法检验构想效度。利用 SPSS 20.0 软件进行因子分析得到的总方差贡献率如表5-4所示。

表5-4 总方差贡献率

成分	初始特征值			提取平方和载入			旋转平方和载入		
	合计	方差(%)	累计(%)	合计	方差(%)	累计(%)	合计	方差(%)	累计(%)
1	6.118	38.238	38.238	6.118	38.238	38.238	5.548	34.678	34.678
2	5.984	37.401	75.639	5.984	37.401	75.639	6.328	39.550	74.178

续表

成分	初始特征值			提取平方和载入			旋转平方和载入		
	合计	方差（%）	累计（%）	合计	方差（%）	累计（%）	合计	方差（%）	累计（%）
3	1.416	6.551	82.190	1.416	6.551	82.190	1.282	8.012	82.190
4	0.797	4.985	87.175						
5	0.410	2.566	89.741						
6	0.340	2.127	91.127						
7	0.309	1.930	93.057						
8	0.302	1.889	94.946						
9	0.146	0.916	95.862						
10	0.131	0.820	96.682						
11	0.107	0.678	97.359						
12	0.107	0.677	98.036						
13	0.094	0.590	98.625						
14	0.080	0.507	99.134						
15	0.074	0.465	99.600						
16	0.603	0.398	100.00						

由表5-4所示，利用主成分分析的方法，根据特征根大于1的标准，提取出3个主成分，且贡献率大于80%，因子分析效果理想。表5-5所示为旋转后的成分矩阵。

表5-5 旋转后的成分矩阵

三级指标	成分		
	1	2	3
营销能力	0.855	0.235	0.152
团队协作能力	0.748	0.319	0.483
管理组织能力	0.802	0.065	−0.181
外语能力	0.776	0.459	0.202
终身学习能力	0.689	0.604	0.209
计算机能力	0.794	0.558	0.118
服务意识	0.068	0.940	0.180
创新能力	0.332	0.702	−0.465

续表

三级指标	成分		
	1	2	3
人际交往与沟通能力	0.541	0.736	0.321
心理素质	−0.126	0.764	0.084
职业道德与责任感	0.413	0.867	0.221
人文素养	0.611	0.637	0.399
专业知识与技能	−0.335	−0.550	0.705
身体素质	0.521	0.534	0.462
工匠精神	0.534	0.481	−0.550
观察能力	0.592	0.340	0.521

由表5-5可知，公因子与各变量之间的关系，通过变量前的系数反映，删掉身体素质、工匠精神、观察能力3个指标。公因子1主要与营销能力、团队协作能力、管理组织能力、外语能力、终身学习能力、计算机能力这6个指标相关，体现了旅游类人才必备的能力要素称之为"能力因子"；公因子2与服务意识、创新能力、人文素养、人际交往与沟通能力、心理素质、职业道德与责任感这6个指标相关，体现了旅游类人才必备的素质要素，称其为"职业素质因子"；公因子3主要与专业知识与技能指标相关，将公因子3称为"知识因子"。为了与招聘信息的素质与能力相一致，本课题组将"知识因子"与"能力因子"合成"知识与能力因子"。

（3）调整后的旅游人才质量词典指标体系

经过筛选，指标个数由16个指标减少到13个，调整后的旅游人才质量词典的指标体系如表5-6所示。

表5-6 调整后旅游人才质量词典的指标体系

一级指标	二级指标	三级指标
旅游人才质量	职业素质	职业道德与责任感
		心理素质
		服务意识
		人文素养
		人际交往与沟通能力
		创新能力

续表

一级指标	二级指标	三级指标
旅游人才质量	知识与能力	专业知识与技能
		管理组织能力
		外语能力
		终身学习能力
		团队协作能力
		计算机能力
		营销能力

构建的旅游人才质量词典如表 5-7 所示。

表 5-7 调整后的旅游人才质量词典

一级指标	二级指标	三级指标	关键词
旅游人才质量	职业素质	A 职业道德与责任感	A1 踏实肯干；A2 工作热情；A3 认真；A4 细致；A5 热爱工作；A6 吃苦耐劳；A7 诚实守信
		C 心理素质	C1 心理；C2 抗压；C3 抗挫；C4 压力；C5 挑战
		D 服务意识	D1 尊重；D2 服务；D3 亲和力
		E 人文素养	E1 人文；E2 风土人情
		G 人际交往与沟通能力	G1 沟通；G2 语言表达；G3 人际交往；G4 回访
		N 创新能力	N1 创新；N2 设计；N3 创意
	知识与能力	H 专业知识与技能	H1 资格证书；H2 服务技巧；H3 专业对口；H4 职业礼仪；H5 专业知识；H6 技能
		I 管理组织能力	I1 应急；I2 组织；I3 管理；I4 执行
		J 外语能力	J1 英语；J2 日语；J3 翻译
		L 终身学习能力	L1 学习；L2 理解；L3 领悟
		M 团队协作能力	M1 合作；M2 团队；M3 协作
		O 计算机能力	O1 软件；O2 网页；O3 数据
		P 营销能力	P1 策划、推广；P2 运营；P3 销售；P4 判断；P5 咨询；P6 开拓市场

三、旅游企业岗位需求预测与人才质量要求分析

（一）旅行社企业岗位需求预测与人才质量要求分析

1. 岗位需求预测

旅行社企业岗位群主要分 3 类：计调、营销、导游及领队（见表 5-1）。

根据四大招聘网站抓取的数据分析，发现营销类岗位需求量最大，占比高达 50.90%，计调类岗位占比为 39.36%，导游及领队类岗位占比 9.74%，具体如图 5-3 所示。

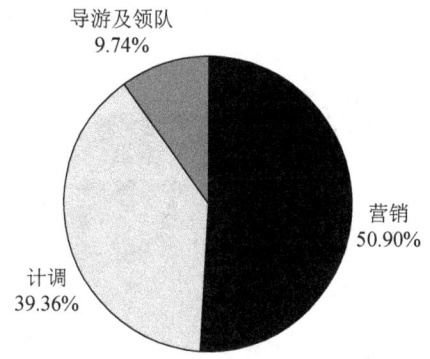

图 5-3　旅行社三类岗位群招聘数量的比例

2. 人才质量要求分析

根据旅游人才质量词典指标体系，对三级指标关键词的文本频率进行统计，分析旅行社企业营销、计调、导游三类岗位群的人才质量要求。

（1）营销类岗位群的人才质量要求分析

营销岗位群招聘人才质量要求的文本频率如图 5-4 所示。

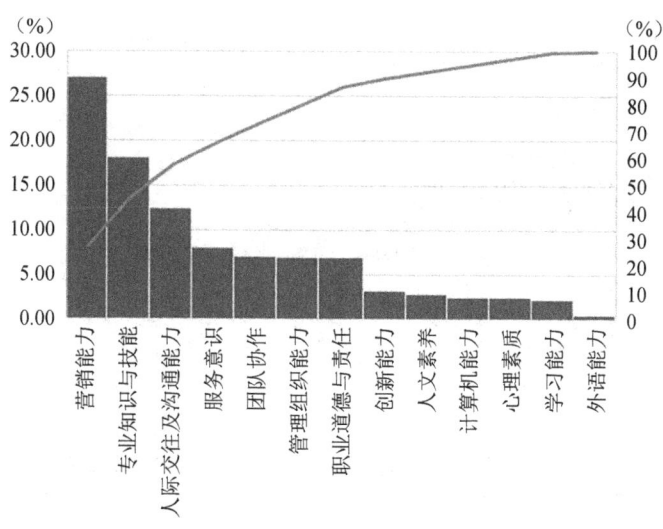

图 5-4　营销岗位群招聘人才质量要求的文本频率

由图 5-4 可知，营销岗位群人才质量要求，最重要的职业素质是人际交往与沟通能力和服务意识，最重要的知识与能力是营销能力和专业知识与技能。

（2）计调类岗位群的人才质量要求分析

计调岗位群招聘人才质量要求的文本频率如图 5-5 所示。

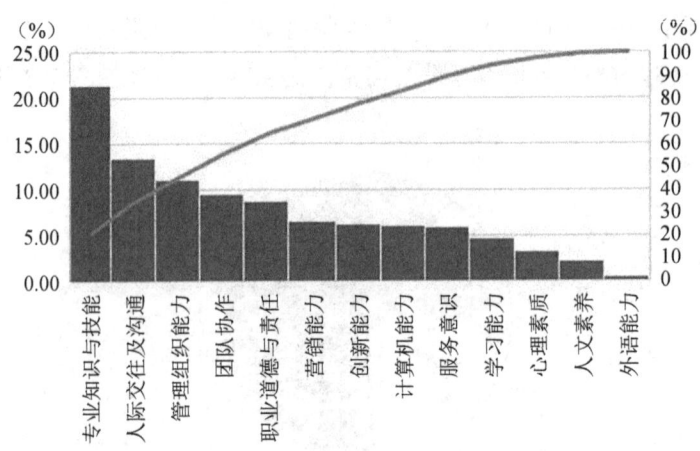

图 5-5　计调岗位群招聘人才质量要求的文本频率

由图 5-5 可知，计调岗位群人才质量要求，最重要的职业素质是人际交往与沟通能力团队协作，最重要的知识与能力是专业知识与技能和管理组织能力，对外语能力要求不高。

（3）导游及领队岗位群的人才质量要求分析

导游及领队岗位招聘人才质量要求的文本频率如图 5-6 所示。

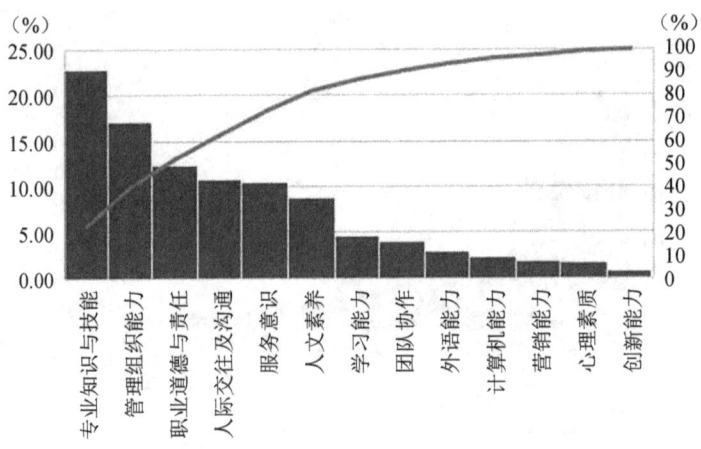

图 5-6　导游及领队岗位招聘人才质量要求的文本频率

由图 5-6 可知，导游及领队岗位群的人才质量要求，最重要的职业素质前三位是职业道德与责任感、人际交往与沟通能力及服务意识,对知识与能力要求的前两位是专业知识与技能和管理组织能力。其中,专业知识与技能在文本词典里包含导游资格证书。在抓取的招聘信息的要求中,导游及领队岗位都要求有资格证书,而领队还对英语能力有较高的要求。

3. 旅行社企业三类岗位群人才质量要求的雷达图

旅行社三类岗位群人才质量要求雷达图如图5-7所示。

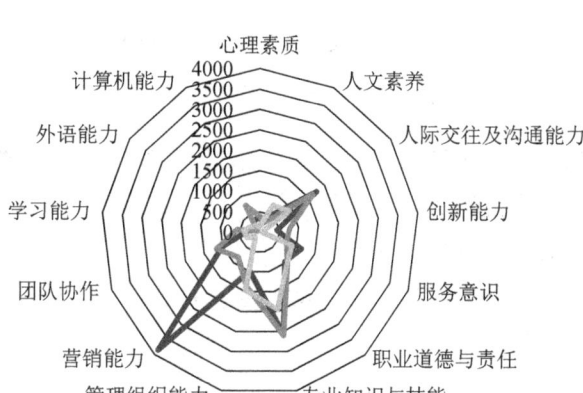

图5-7 旅行社三类岗位群人才质量要求雷达图

由图5-7可以看出,旅行社三类岗位群的人才质量要求各有侧重点,所以,在制订旅行社经营管理专业人才培养方案时,要重视职业岗位变化,实现人才培养规格与企业用人规格的契合,学校应按照岗位群素质的个性需求,根据岗位职业标准制定课程标准,按照岗位工作任务设计学习任务,努力探索教学做一体的分向定岗式人才培养模式,同时要培养学生对职业从业资格证书的认同,积极获得导游资格证书,提高就业的质量。

(二)酒店企业岗位需求预测与人才质量要求分析

1. 岗位需求预测

酒店企业岗位群主要分6类:前厅、客房、工程、餐饮、营销、人力资源等。

根据四大招聘网站抓取的数据分析,酒店企业用人需求最多的3个岗位群主要是前厅、客房、餐饮。分析可知餐饮岗位群需求人才数量最多(见图5-8),而在餐饮岗位群中,服务员、调酒师、茶艺师、侍酒师需求量最大,占到餐饮岗位群招聘数量的78%。

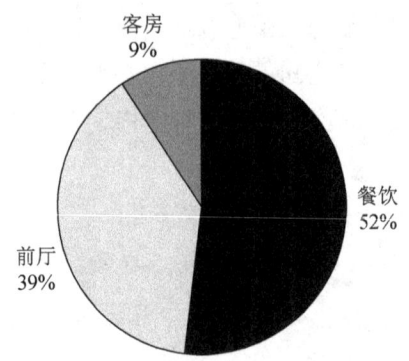

图 5-8 酒店三类岗位群招聘数量的比例

2. 人才质量要求分析

根据旅游人才质量词典指标体系，对三级指标的关键词的文本频数进行统计，分析酒店前厅、客房、餐饮三类岗位群的人才质量要求。

（1）前厅岗位群的人才质量要求分析

前厅岗位群招聘人才质量要求的文本频率如图 5-9 所示。

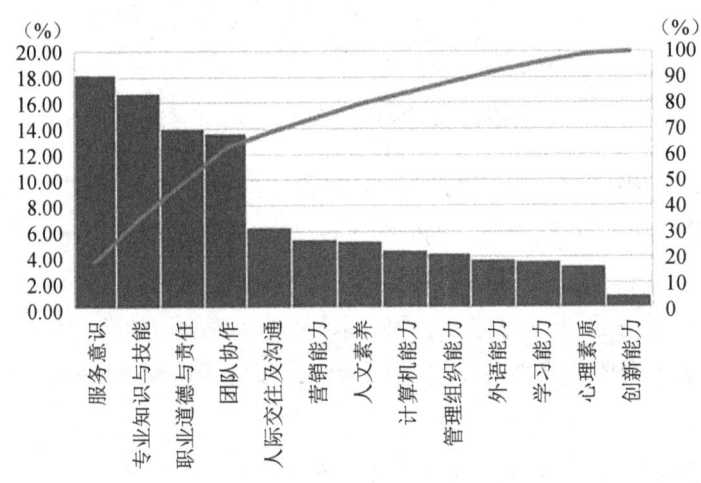

图 5-9 前厅岗位群招聘人才质量要求的文本频率

由图 5-9 可知，前厅岗位群人才质量要求，最重要的职业素质是服务意识、职业道德与责任感，其次是人际交往与沟通能力和人文素养。关于知识与能力，最重视的是专业知识与技能和团队协作能力，外语、计算机、学习能力也是必不可少的。

（2）客房岗位群的人才质量要求分析

客房岗位群招聘人才质量要求的文本频率如图 5-10 所示。

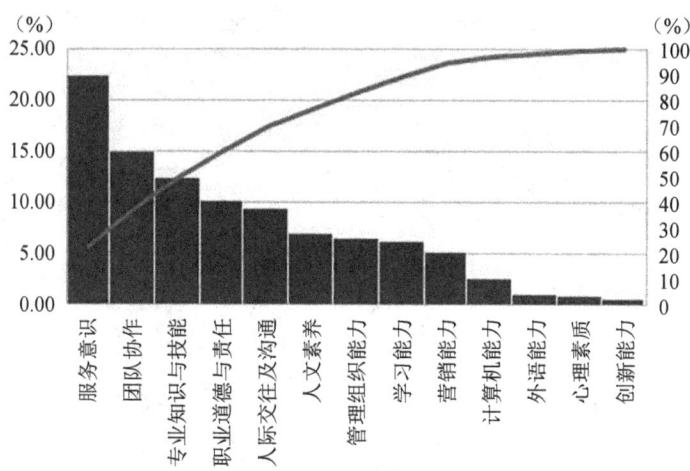

图 5-10　客房岗位群招聘人才质量要求的文本频率

由图 5-10 可知，客房岗位群人才质量要求，最看重的职业素质依然是服务意识、职业道德与责任感，其次是人际交往与沟通能力和人文素养。关于知识与能力，最重视的是专业知识与技能和团队协作能力。

（3）餐饮岗位群的人才质量要求分析

餐饮岗位群招聘人才质量要求的文本频率如图 5-11 所示。

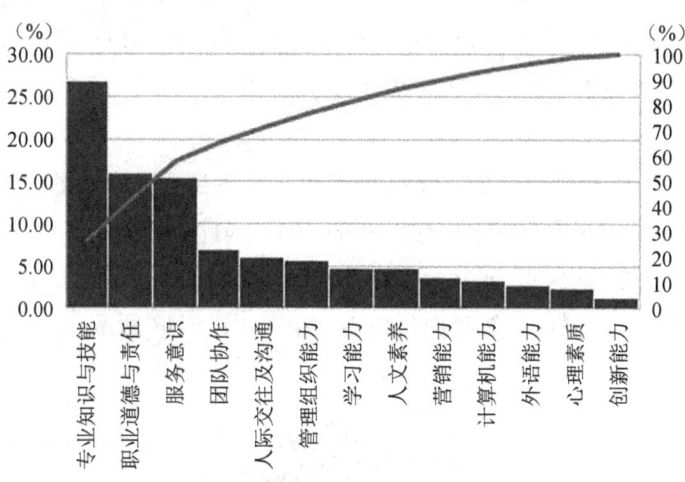

图 5-11　餐饮岗位群招聘人才质量要求的文本频率

由图 5-11 可知，餐饮岗位群的人才质量要求，最看重的职业素质依然是职业道德与责任感、服务意识，知识与能力中最突出的是专业知识与技能。

3. 酒店企业三类岗位群人才质量要求的雷达图

酒店三类岗位群需求人才质量要求的雷达图如图 5-12 所示。

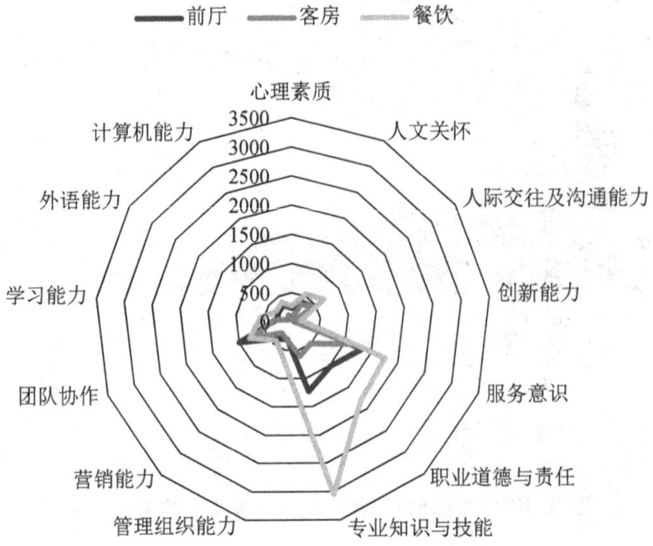

图 5-12　酒店三类岗位群需求人才质量要求的雷达图

由图 5-12 可以看出，酒店三类岗位群人才质量要求，除了餐饮岗位群，如调酒师、茶艺师、侍酒师等岗位对专业知识与技能要求比较高外，其他部门对人才质量要求基本相同，所以，在制订酒店管理专业人才培养方案时，要重视共性的素质培养，实现人才培养规格与企业用人需求的统一。学校应按照三类岗位群素质的个性需求，根据岗位职业标准制定课程标准，按照岗位工作任务设计学习任务，积极探索教学做一体的人才培养模式。

（三）景区企业岗位需求预测与人才质量要求分析

1. 岗位需求预测

景区企业岗位群主要分为 4 类：景区接待、景区营销、景区运维、娱乐表演（见表 5-1）。其中，娱乐表演不属于本课题专业研究范围，因此不做分析。

根据四大招聘网站抓取的数据分析，景区接待类岗位需求量最大，占比高达 66%，景区营销岗位占比为 25%，景区运维类岗位仅占 9%，如图 5-13 所示。

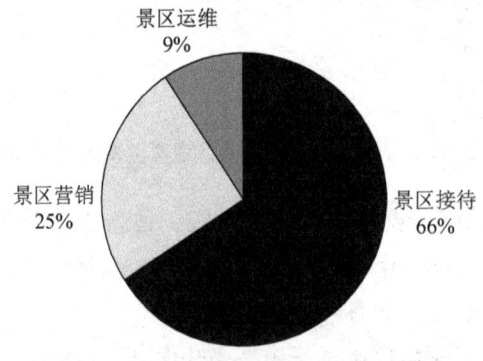

图 5-13　景区企业三类岗位招聘数量的比例

2.景区企业三类岗位群人才质量要求分析

根据旅游人才质量词典指标体系，对三级指标的关键词的文本频数进行统计，分析景区企业三类岗位群人才质量要求。

（1）景区接待岗位群的人才质量要求分析

景区接待岗位群招聘人才质量要求的文本频率如图5-14所示。

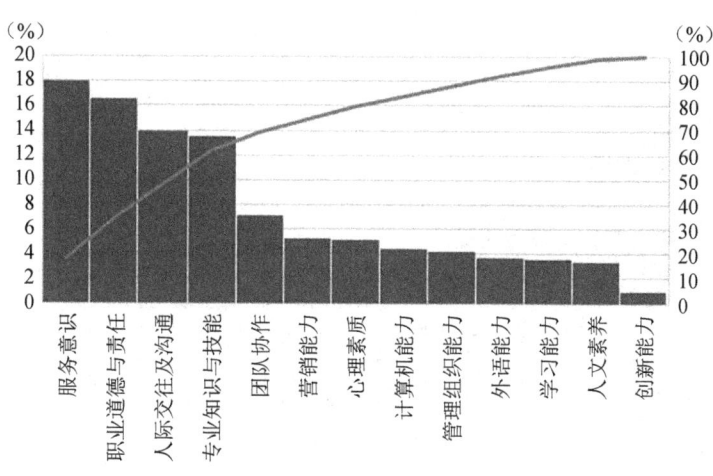

图5-14　景区接待岗位群招聘人才质量要求的文本频率

由图5-14可知，景区接待岗位群人才质量要求，最看重的职业素质是服务意识、职业道德与责任感，其次是人际交往与沟通能力。关于知识与能力，最重视的是专业知识与技能和团队协作能力，计算机、管理组织能力也是必不可少的。

（2）景区营销岗位群的人才质量要求分析

景区营销岗位群招聘人才质量要求的文本频率如图5-15所示。

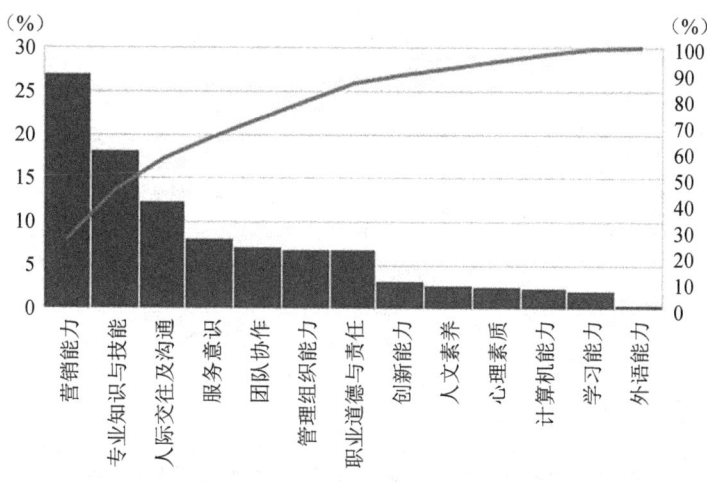

图5-15　景区营销岗位群招聘人才质量要求的文本频率

由图 5-15 可知，景区营销岗位群人才质量要求，最看重的职业素质是营销能力、人际交往与沟通能力和服务意识。关于知识与能力，最重视的是专业知识与技能、团队协作能力、管理组织能力等。

（3）景区运维岗位群的人才质量要求分析

景区运维岗位招聘人才质量要求的文本频率如图 5-16 所示。

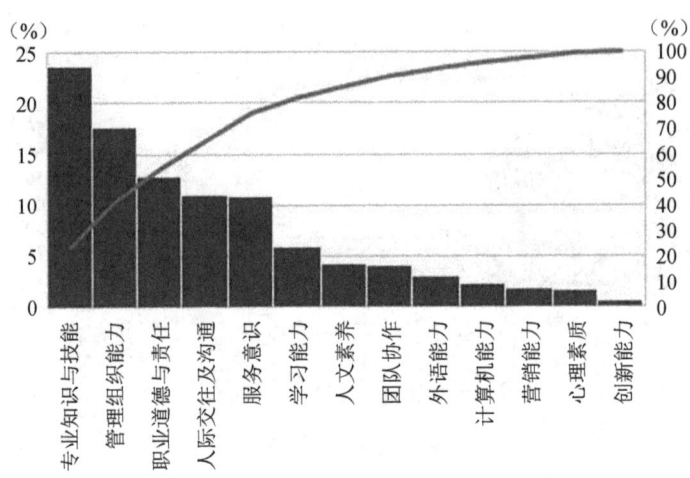

图 5-16 景区运维岗位群招聘人才质量要求的文本频率

由图 5-16 可知，景区运维岗位群人才质量要求，最看重的职业素质是职业道德与责任感、人际交往与沟通能力和服务意识。关于知识与能力，最重视的是专业知识与技能、管理组织能力、学习能力等。

3. 景区企业三类岗位群需求人才质量要求的雷达图

景区企业三类岗位群需求人才质量要求雷达图如图 5-17 所示。

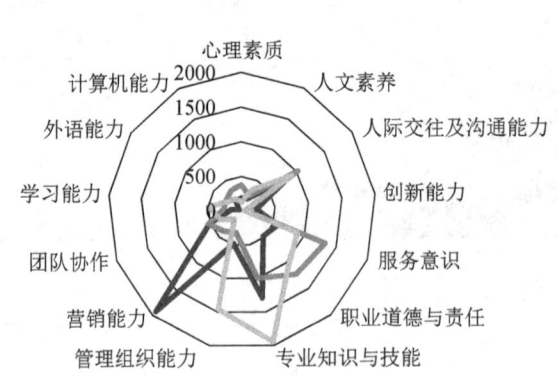

图 5-17 景区企业三类岗位群需求人才质量要求雷达图

由图 5-17 可以看出，景区企业三类岗位群人才质量要求虽然各有侧重点，但是相比旅行社和酒店类企业岗位群人才质量要求，在知识与能力方面对专业知识与技能和学习能力的要求都相对较高。所以，该专业需要一支专业能力较强的师资队伍，在制订景区开发与管理专业的人才培养方案时，要关注智慧景区的发展，将景区管理智能化相关知识和技能纳入课程体系，并根据景区岗位群的职业标准制定课程标准，按照岗位群典型工作任务设计学习任务，实现人才培养规格与企业用人规格的有效契合。

值得一提的是，随着文旅融合深度发展，产业跨界成为常态，旅行社、酒店、景区等旅游企业对复合型职业人才的需求越来越多，即具有两个以上行业专业知识和能力的跨界人才越来越受企业欢迎，人才质量要求也高。这无疑对职业院校跨界复合型人才培养提出了新要求和挑战。

四、小结

本章主要利用了爬虫技术采集网络招聘数据，构建旅游人才质量词典的初步指标体系，并根据专家打分数据，运用因子分析法筛选指标，形成了旅游人才质量词典指标体系。根据旅游人才质量词典指标体系的13个指标对应的关键词，抓取文本出现的频数，获得旅行社、酒店、景区三类企业岗位人才需求预测占比及岗位群对人才质量的要求，旨在为职业院校旅游类专业设置及招生计划的制订提供依据，对旅行社经营与管理专业、酒店管理专业、景区开发与管理专业人才培养方案的制订及修订提供理论指导和支撑。

第六章 对策及建议

综上所述,旅游类职业教育人才供需的矛盾主要体现在以下几个方面:旅游人才有效供给不足,新业态新技术人才供给相对匮乏;行业基层员工的高流失率加剧供需矛盾;高素质复合型人才缺口较大,备受市场青睐等。针对以上问题,课题组从政策层面、企业层面及院校层面提出相应的对策及建议。

一、政策建议

在我国的教育体制中,政府既是教育投资者,也是教育主办者与管理者,其对市场经济社会和旅游产业发展的规划直接引导着旅游职业院校专业设置的方向,而与其相关的促进职业教育的政策、支持职业教育的资金和为职业教育搭建的平台等也直接影响着职业院校专业培养人才质量的高低。

(一)招生规模的调整

调研发现,2016年全国旅游管理类高职专业共招生22万人(高职11.6万人、中职10.6万人),根据课题组预测2019年旅游类人才需求为2879.3万人,其中新增岗位需职业院校培养的21.57万人;2017年全国旅游管理类中高职专业共招生21.5万人(高职11.3万人、中职10.2万人),根据课题组预测2020年旅游类人才需求为2902.2万人,其中新增岗位中职业院校培养的为21.76万人。可见,旅游人才总供给与总需求大体相当,但旅游人才供给结构失衡,有效供给不足。例如,景区开发与管理专业,高职院校2016年、2017年招生人数分别为1015人和983人,根据课题组预测,2019年、2020年新增职业人才培养岗位分别为63 828个和66 864个,该专业人才供需缺口巨大。再如,调研发现,旅游行业对于休闲管理人才、民宿经营管理人才、会展管理与服务人才及文化创意旅游人才的需求也十分旺盛,而且从旅游行业新业态发展的趋势而言,以上专业也同样具有持续发展的生机与活力。目前,从调查结果来看,全国开设景区开发与管理专业的院校仅38所,休闲服务与管理的院校仅49所,会展策划与管理专业开设院校仅160所,而且招生规模不大。因此,建议重点扶持景区管理、休闲服务与管理、会展策划与管理等有效供给不足的专业,促进这些专业招生规模的扩大和人才培养质量的提升。

(二)专业目录设置的调整

调研发现,现行高等职业教育专科(专业)目录为2015年发布实施的,尽管近年来做了一些调整,增设了一些新专业,但与我国未来文旅融合新态势,特别是文化和旅游部提出的,今后将着力发展11个新业态的人才需求契合度不高,建议应根据11个新业态发展对人才需求,及时修订调整专业目录,培养文旅融合发展的新型职业人才,以支撑新业态健康可持续发展。例如,可根据我国旅游业发展的新趋势和新特点,在专业目录调整时,可考虑将现设的旅游大类中增设住宿类和休闲类类别;使之形成旅游类、住宿类、休闲类、餐饮类、会展类5个类别,在不同类别下开设相关专业,特别是新业态专业或方向。

(三)一体化人才培养通道的建设

旅游职业教育人才的培养是系统性工程。调研发现,旅游企业对于旅游人才能力、素养和知识的质量需求也在不断提升,高素质复合型运用人才无疑是旅游行业最需要的。随着文旅融合的快速发展,旅游新业态的不断涌现,学生综合素养的内涵和外延也在不断地扩大,旅游业对高素质复合型人才需求必将越来越大。因此,建议政策层面进一步支持旅游职业教育立交桥的建设,除进一步加强中职—高职—应用型本科贯通分段培养外,还应支持一批办学特色鲜明、人才培养水平较高的高水平高职旅游院校探索应用型本科的办学道路,为高水平旅游院校的发展和具有潜力的高职学生的提升打通上升途径;甚至可以在部分高职院校试点"专业学位硕士研究生"的培养,从而助力旅游职业人才整体水平的提档升级。

(四)招生就业、资金配套等政策扶持

对于市场需求量大,但目前社会认知还有待提升的专业,如休闲服务管理、民宿经营管理、景区管理等予以招生政策和资金配套政策的扶持,鼓励学生报考此类专业,进一步为行业的健康发展奠定人才基础。

从就业和创业的角度而言,调研发现,目前还存在部分企业与院校信息沟通不畅的情况,建议政府层面牵头,针对文旅产业发展的趋势及特点,积极与行企、院校沟通,建立人才供需预测、预警机制和灵活的专业调整机制,促进人才供需的对位发展,提高职业教育人才培养的效率和质量。此外,文旅产业是大众创新、万众创业的重要领域。建议政府层面对旅游行业的学生创新创业予以资金、税收等政策方面的进一步支持,激发院校和学生的活力。

除上述建议外,鉴于2018年文化和旅游部的组建,文化和旅游融合的脚步加快,迫切需要职业教育培养大批高素质劳动者和符合技能型人才,建议今后在政策层面,应强化和明确文化和旅游行业主管部门在职业教育中的指导和支持作用,并通过牵头组建文化和旅游产业职业教育教学指导委员会,积极为各级教育行政部门提供咨询和建议,帮助和指导职业院校开展教育教学改革。

二、行业、企业建议

针对目前产教融合深度不够问题,建议行业和企业积极参与职业院校人才培养的全过程,通过"专业共建、人才共育、过程共管、成果共存、责任共担"的合作模式,实现产教的深度融合,实现企业人才招得来、留得住、用得好,为文旅产业发展、企业发展提供有力的人才支撑。

(一)产教融合应纳入企业发展战略层面

在文化和旅游融合的大背景下,企业不仅要顺应文旅产业发展趋势,抓住机遇,加快发展方式转变和结构优化升级,提高自主创新能力和核心竞争力,更要充分认识到,人才是推动文旅产业和企业发展的第一资源和要素,产教融合是旅游职业教育人才培养的必由之路。因此,建议将产教融合作为企业发展的重大战略,纳入企业战略发展规划和年度工作计划,成立工作机构,制订工作方案,定期研究产教融合工作。同时,应根据区域经济发展和企业发展的实际,与区域内的职业院校积极开展产教深度融合,构建产教学研一体化的校企融合新模式。

(二)积极探索产教融合的新途径

近年来《国务院办公厅关于深化产教融合的若干意见国办发》(〔2017〕95号)、教育部等六部门《职业学校校企合作促进办法》(教职成〔2018〕1号)等文件明确提出:鼓励企业以独资、合资、合作等方式依法参与举办职业教育;通过购买服务、委托管理等,支持企业参与公办职业学校办学;鼓励有条件的地区探索推进职业学校股份制、混合所有制改革,允许企业以资本、技术、管理等要素依法参与办学并享有相应权利;以多种形式合作办学,校企合作创建并共同管理教学和科研机构,建设实习实训基地、技术工艺和产品开发中心及学生创新创业、员工培训、技能鉴定等机构等。

建议旅游企业紧跟文旅产业融合发展、区域经济发展的步伐,充分利用政策,积极对接职业院校,探索形式多样合作新途径,使产教融合成为企业发展的新亮点,谋求校企共赢、共发展。

(三)产教融合中注重学生的培养和职业生涯规划

调研发现:一方面,在旅游企业招聘实习生和正式员工中,企业需求最旺的岗位包括餐饮服务员、客房服务员、前台服务员、景区接待、旅行社销售等一线服务岗位,以及像导游、线路策划、茶艺师、调酒师等一线技术技能岗位。同时这些岗位不但要求学生具有服务意识、吃苦耐劳、责任感等良好的职业道德素质;而且还要具备一定的人际沟通能力、团队协作能力、学习能力等软实力。另一方面,由于企业一线基层岗位比较辛苦,加之旅游企业基层员工收入普遍较低,导致流失率较高。因此,学生在企业顶岗实习期间,企业应担负起教育者的角色,根据岗位工作的实际情况,切实做好每一位学生的职业生涯规划,关注学生的成长和发展,配备相应的企业导师,积极引导、激励学生勇于面对挫折,注重对学生职业素养和工作技能的培养,避免廉价用工。

(四)行业协会促进产教融合发展

行业协会是非政府组织,具有沟通、协调、监督、指导等职能。建议行业协会整合资源,充分发挥沟通协调的职能和作用,立足文旅产业融合发展的大背景,立足区域文旅产业发展的实际,积极搭建政校企行沟通交流的大平台,促使信息交流、互动合作、资源互补,促进行企与职业院校深度合作、良性发展。

三、院校建议

(一)专业开设与调整

旅游职业院校应始终坚持以市场为导向设置专业,以就业为标杆调整专业,即专业设置与调整应准确把握文旅产业发展的需求性,追踪文旅产业发展的新动态、新需求。调研发现,新技术、新业态在未来旅游产业发展中缺口巨大。建议旅游职业院校应充分考虑这种市场新需求,并根据本区域文化和旅游产业发展的实际,及时调整专业结构,适时开设智慧旅游、度假旅游、民宿旅游、会展旅游、邮轮旅游等新专业(或专业方向),大力培养新型旅游职教人才,满足行业发展人才需求。

调研还发现,旅游管理专业开设的院校最多,2017年达到了869所,招生人数达5.5万人;中职招生人数达4.7万人。但由于该专业面向的不确定性,调研中发现众多学校将旅游管理专业的人才培养方案设计成了"酒店、旅行社、景区"等业态课程的拼盘,专业方向不明确,导致专业人才培养质量不高。因此,建议院校根据区域经济特点和产业发展特征等,对上述专业开设进行科学论证,明确专业面向和专业定位,有效对接产业发展需求。

此外,调研显示,旅行社企业营销类岗位群(主要包括旅游顾问、销售、渠道专员、客服专员等)、酒店企业餐饮类岗位群(主要包括调酒师、侍酒师、茶艺师等)、前厅类岗位群(主要包括餐厅服务员、领班等)、景区企业接待岗位群(主要包括景区讲解、景区交通、景区客服等)需求量较大,建议旅游职业院校结合区域旅游产业发展需求,加大对旅游企业紧缺岗位群人才的培养力度,提高人才的有效供给。

(二)加大对高素质复合型人才的培养

调研显示,高素质复合型人才缺口较大,备受市场青睐。所谓的复合型人才主要是指"T"型人才。"T"型人才是指按知识与技能结构区分出来的一种新型人才类型,"—"表示有广博的知识和文化素养,"|"表示知识和技能的深度,两者的结合,俗称一专多能的人才。"T"型人才具备较强的业务能力和较宽的岗位适应能力。例如,"前程无忧"和"智联招聘"上,由旅行社发布的招聘信息,很多都需要应聘者既懂得旅游业务知识,同时会旅游大数据分析,或是能进行新媒体运营,抑或是具有在线旅游运作技能等。

为培养旅游高素质复合型人才,第一,建议改变专业"窄口径"招生的模式,推行按专业大类进行"宽口径"招生。例如，旅游管理大类招生，目前是按照旅游管理、导游、旅行社经营管理、景区开发与管理等进行分专业招生，这种"窄口径"招生、"窄口径"培养模式，很难培养出复合型旅游人才。建议有条件和实力的高职院校，尝试招生改革，按照旅游管理大类招生。

第二，改变人才培养模式，建议在入校后，在旅游类专业基础课结束后，让学生根据自己的兴趣和特长来自主选择专业。同时鼓励不同专业间的课程互修，以搭建专业交叉的培养平台，实现"一专多能"的发展。

第三，为满足旅游与其他产业的跨界发展对跨界人才的需求，建议有条件和实力的院校开展主辅修的"双专业"复合型跨界人才的培养；也可以利用校级之间资源互补和共享，开展辅修及双专业的联合办学、学分互认，共同培养跨界旅游人才。

第四，加强对国际化人才的培养。国际化办学是旅游职业院校培养复合型旅游人才的重要方式。旅游职业院校应树立国际化办学理念，积极加强与境外旅游院校的交流与合作，通过引进先进教育教学理念、管理模式、优秀师资、课程教材体系等；通过建立境外师资培养基地、学生实习实训基地、互派留学生等方式开展国际合作办学，通过走出去和请进来，积极探索国际化旅游人才培养模式，培养国际化的旅游人才，提高旅游职业教育的国际影响力和竞争力。

（三）加大对人才培养方案、课程体系的建设

在"以服务为宗旨、以就业为导向"的职教方针的指导下，旅游职业院校应与时俱进，对传统的人才培养定位进行改革，明确新形势下的人才培养的新要求。

第一，根据文旅产业发展、区域经济发展，在对行业、企业充分调研的基础上，开展专业科学论证，进一步明确专业的培养目标、职业岗位面向、课程体系、毕业标准、培养途径、师资要求及实践教学条件等，由此制订出系统的人才培养方案。

第二，课程体系设计的逻辑起点是职业岗位能力要求。因此，旅游人才培养应以旅游企业职业岗位人才需求为根本，围绕岗位、岗位群所需的核心能力和职业标准、职业素养等来设计人才培养方案和课程体系，组织教学内容。建议职业院校可借鉴本课题构建的旅游人才质量词典指标体系，对不同类型的旅游企业岗位群进行人才质量要求分析，得出本专业面向的岗位群人才质量具体要求，科学构建本专业的课程体系。不同专业在人才质量要求方面有一定差异，在上文中已经具体阐述。因此，职业院校在课程体系的设置过程中可针对行企的需求，开设相应的课程，对学生进行"厚素质＋宽知识＋深能力"的课程培养。

第三，职业院校应根据旅游企业一线岗位职业素养要求注重培养学生的吃苦耐劳、服务意识、爱岗敬业等职业素质和文化素养。众所周知，职业素质仅通过知识和技能是无法形成的，职业实践与企业文化的陶冶，是养成职业素养不可缺少的途径。因此，在校企合作过程中，可将部分企业培训模块的课程前置至学校，在职业院校中开设企业职业素养培

训课程,让学生在真实的环境下掌握技能,感受企业文化并潜移默化地养成相应的职业能力和素养,这将会对学生的就业观、敬业精神、交流与沟通能力等方面有着重大的影响。

第四,从学生的职业生涯发展角度,设计教学内容,即初级岗位职业能力—中级岗位职业能力—高级岗位职业能力,递进式成长的课程体系,加强行企师资的引进,在课程教学中始终贯穿着职业标准、职业道德和职业精神的培养。

第五,推行主辅修的院校,应根据学生主修专业背景,科学设置辅修专业的课程体系,尽量使辅修课程专门化、模块化,增加辅修课程中学生自主选择课程的空间,使辅修专业的学生通过专业方向下的模块化程完成辅修核心课程的学习,并通过学校认定获得相应的学分。

(四)创新产教融合人才培养模式

开展产教深度融合,是旅游职业教育提升培养质量、实现精准就业、推进旅游经济转型升级的迫切要求。旅游院校应主动走出去、请进来,加强与合作企业的联系,引导企业深度参与学校的人才培养和专业教学,真正实现旅游类专业的产教融合。

在专业建设方面,可以根据行业发展和企业需求,合作设置专业、研发专业标准,开发课程体系、教学标准及教材、教学辅助产品,共同开展专业建设等。

在教学资源的建设方面,可以充分联合企业的力量,建立生产性实训基地。例如,可以利用学校的食堂、餐厅、实训室等学校资源,建立旅游类专业校内生产性实训实习基地;也可以利用企业设施设备、场地等企业资源,建立旅游类专业校外生产性实训实习基地等;此外,也可以共同探索"混合所有制"办学模式,使得企业全程参与育人的全过程、全环节,校企资源共享、人才共育。

在教学模式的创新上,现代学徒制是旅游类专业人才培养改革的有效途径,也是深化校企融合的有效方式。现代学徒制人才培养模式是典型的工学交替的培养模式,学校与企业深入合作,学校教师与企业师傅联合培养人才,使学生具有学校"学生"和企业"学徒"的双重身份,培养学生的工匠精神,实现校内理论学习与企业实践学习交替进行,提高人才的培养质量和有效供给。

此外,职业院校还可以利用智力优势,开展企业员工培训、企业技术和新产品研发、成果转移转化等;也可以校企共同组织开展技能竞赛、优秀文旅企业文化传承和社会服务等活动。

(五)加大对旅游职业教育师资队伍的建设

高水平的师资队伍是培养高素质旅游职业人才的关键。调研发现,来自旅游行业、企业师资短缺问题一直是困扰高职院校旅游人才培养的主要问题,此外,职业院校双师型教师不足、教师职业能力培养渠道和职称晋升的通道狭窄等也在一定程度上制约了师资队伍质量的提升。因此,在文旅融合、全域旅游发展的大背景下,建议旅游职业教育教师队伍的建设着重从以下方面入手:

第一，与行企合作，积极探索共建、共育、共管、共享的师资队伍培养、提升的机制和体制。例如，职业院校可在产教一体专业建设委员会领导下，建立产教师资队伍建设常态化机制，培养产教双岗、双能的师资队伍，优化产教师资结构。例如，建立产学交流、互派师资制度，建立教师工作站，校企师资进站工作学习，建立校企专业教研室，共同探讨专业建设、课程设置；建立校企实习实训基地，双方共同选派导师指导学生实习、实训等。

第二，加大对双师型教师队伍建设的力度。例如，依托旅游行业、企业资源，建立教师技术技能培养培训与提升的实践基地；鼓励教师到旅游行业知名企业开展实践活动，锻炼技能、掌握技术、获得最新的技术信息和行情；可要求旅游专业教师每年到企业顶岗锻炼至少 1~3 个月，从而提升师资水平，等等。

第三，积极引进行业企业专家参、管理人才、技术能手参与职业教育教学。众所周知，单凭职业院校自身来培养高素质技术技能人才是不可能的。例如，可引进行业企业专家、优秀管理人才、技术能手入职本校或者作为外聘教师，在薪酬待遇上、职称评审上出台相应的政策，以便吸引更多的行企人才投身到旅游职业教育教学中来，让教育教学工作靠近、贴近旅游企业岗位的前沿，不断提高旅游职业人才培养的质量和水平。

第四，大力开展教师"产教学研"一体化提升工程。建议职业院校出台相应的支持和鼓励教师"产教学研"一体化激励政策和措施，引导教师在教育教学工作的同时，积极开展产教融合的教育教学改革研究和服务行企的项目研究工作，并在职称晋升、出国培训、评优评奖中给予政策倾斜，激励一批优秀的教师脱颖而出和可持续成长，带动整体师资队伍水平的提升。

附录 A　旅游企业人力资源状况调查问卷

《中国旅游类人才供给与需求研究报告》企业调查问卷

您好！

　　根据《中国旅游类人才供给与需求研究报告》课题研究的需要，现针对 2017 年我国旅游企业人才资源现状进行问卷调研，旨在了解中国旅游企业人力资源的基本情况及对职业院校学生的培养需求。此问卷不记姓名，只用于项目研究，不会对您个人和所在单位带来任何不利影响。真诚感谢您的帮助。

课题组

第一部分　企业基本情况

1. 您的旅游企业面向的市场属于哪一种（可多选）_____？
   A. 酒店　　　　　　B. 线下旅行社　　　　C. 线上旅行社　　　D. 景区
   E. 会展公司　　　　F. 其他

2. 您的旅游企业等级（勾选）_____。
   A. 二星或 2A 及以下　　　B. 三星或 3A　　　　　C. 四星或 4A
   D. 5 星或 5A　　　　　　E. 无等级

3. 您的旅游企业管理公司为_____。
   A. 国际集团　　　　B. 国有企业　　　　　C. 民营企业　　　　D. 其他

4. 您所在旅游企业所开业时间为_____。
   A. 三年以下　　　　　　　B. 三至五年　　　　　　　C. 五至十年
   D. 十年以上　　　　　　　E. 二十年以上

5. 您所在旅游企业的注册资金为_____。
   A. 500 万元以下　　　　　　　　B. 500 万~1000 万元
   C. 1000 万~5000 万元　　　　　　D. 5000 万元以上

6. 您所在旅游企业的 2017 年度营业额为_____。

A. 1000 万元以下 　　　　　　　　　　　B. 1000 万 ~3000 万元

C. 3000 万 ~5000 万元 　　　　　　　　　D. 5000 万 ~1 亿元

E. 1 亿元以上

7. 你所在的企业分布在（可多选）_____。

　　A. 华北地区　　　B. 东北地区　　　C. 西北地区　　　D. 华东地区

　　E. 华中地区　　　F. 华南地区　　　G. 西南地区

第二部分　企业人力资源基本情况

8. 您所在企业员工的编制为_____。

　　A. 30 人以下　　　　　B. 30~100 人　　　　　C. 100~300 人

　　D. 300~500 人　　　　E. 500 人以上

9. 您所在企业现有员工中，_____学历的员工所占比例最高。

　　A. 本科及以上　　B. 高职高专　　　C. 中专（高中）　　D. 其他

其中高职学历占比_____。

　　A. 20% 以下　　　　　B. 20%~30%　　　　　C. 30%~40%

　　D. 40%~50%　　　　　E. 50% 以上

10. 您所在企业现有员工中，基层员工所占比例为_____。

　　A. 50% 以下　　　B. 50%~60%　　　C. 60%~70%　　　D. 70% 以上

11. 您所在企业年员工流失率为_____。

　　A. 20% 以下　　　B. 20%~30%　　　C. 30%~40%　　　D. 40% 以上

流失的最主要原因为_____。

　　A. 工资待遇　　　B. 企业文化　　　C. 工作环境　　　D. 员工发展与培训

　　E. 职业压力　　　F. 管理风格　　　G. 领导魅力　　　H. 其他

12. 您所在企业员工流失率较高而排于前三位的岗位为_____、_____、

_____。

13. 您所在企业留人的基本方式包括（可多选）_____。

　　A. 提高薪酬　　　　　B. 提升职位　　　　　C. 增加培训

　　D. 一般不留人　　　　E. 其他

14. 您所在企业常用的招聘渠道包括（可多选）_____。

　　A. 校园招聘　　　　　B. 网络招聘　　　　　C. 人才市场招聘

　　D. 猎聘　　　　　　　E. 其他

15. 2017 年其中最主要的招聘渠道是_____。

　　A. 校园招聘　　　　　B. 网络招聘　　　　　C. 人才市场招聘

　　D. 猎聘　　　　　　　E. 其他

16. 您所在企业员工从基层岗位晋升至主管岗位的平均年限一般为 _____。
    A. 2~3 年　　　　B. 3~5 年　　　　C. 5~8 年　　　　D. 8 年以上

17. 旅游企业在招聘应届毕业生时，最看重的前三个因素是（可多选）_____。
    A. 外在形象　　　B. 外语能力　　　C. 毕业院校　　　D. 专业对口
    E. 性格特征　　　F. 抗压耐挫　　　G. 吃苦耐劳　　　H. 团队意识
    I. 服务意识　　　J. 业务能力　　　K. 社会关系　　　L. 沟通协调能力
    M. 实习工作经验　N. 职业技能证书　O. 其他

18. 您认为决定旅游企业员工是否可以晋升基层管理岗位的关键因素是（可多选）_____。
    A. 工作经验　　　B. 吃苦耐劳　　　C. 管理水平　　　D. 专业知识
    E. 学历层次　　　F. 服务意识　　　G. 性格特征　　　H. 思维与视野
    I. 国际化水平　　J. 职业道德　　　K. 外语能力　　　L. 忠诚度
    M. 其他

19. 您所在企业一年校园招聘的次数大约为 _____。
    A. 1 次　　　　　B. 2 次　　　　　C. 3 次　　　　　D. 4 次及以上

20. 您所在企业 2018 年预计招聘人数为 _____ 人；其中校园招聘人数为 _____ 人。

21. 您所在企业未来一年最紧缺的岗位前三个分别是 _____、_____、_____（请举例）。

第三部分　旅游企业员工培训、考核和薪资情况

22. 您所在企业人工成本占企业总成本的比重为 _____。
    A. 20% 以下　　　B. 20%~30%　　　C. 30%~40%　　　D. 40% 以上

23. 您所在企业一线员工的平均月薪为 _____。
    A. 2000~3000 元　B. 3000~4000 元　C. 4000~5000 元　D. 5000 元以上

24. 您所在企业主管的平均月薪为 _____。
    A. 3000~4000 元　B. 4000~5000 元　C. 5000~6000 元　D. 6000 元以上

25. 您所在企业部门经理的平均月薪为 _____。
    A. 5000 元以下　　B. 5000~8000 元　C. 8000~10000 元　D. 10000 元以上

26. 您所在企业员工固定工资的比重为 _____。
    A. 50% 以下　　　B. 50%~70%　　　C. 70%~80%　　　D. 80% 以上

27. 您所在企业 2017 年培训成本占企业总成本的比重为 _____。
    A. 5% 以下　　　　B. 5%~10%　　　C. 10%~50%　　　D. 15% 以上

28. 您所在企业员工平均接受的培训次数为 _____。
    A. 3 次以下　　　B. 3~10 次　　　C. 10~20 次　　　D. 20 次以上

29. 您所在企业员工培训种类包括（可多选）_____。
A. 新员工入职培训　　B. 技能培训　　　　　C. 英语培训　　　　D. 管理能力培训
E. 职业礼仪培训　　　F. 团队协作能力培训　　G. 其他

30. 您所在企业员工培训方式包括（可多选）_____。
A. 在线培训　　　　　B. 企业内部培训　　　　C. 企业外聘教师培训　　D. 其他

31. 您所在企业的一线员工发展至中层管理层一般需要接受哪些培训_____、_____、_____、_____、_____（请举例）。

第四部分　校企合作情况

32. 您所在企业与职业院校是否存在校企合作关系？_____
A. 有　　　　　　　　B. 无
如有，请继续以下选项；没有则结束本次调查。

33. 您所在企业拥有的合作职业院校有多少家？_____
A. 1 家　　　　　　　B. 2~5 家　　　　　　　C. 5~10 家　　　　　　　D. 10 家以上

34. 您所在企业与职业院校存在哪种合作方式（可多选）_____。
A. 提供实习基地　　　B. 师资或行业专家共享　　C. 共同制订人才培养方案
D. 共建实习基地　　　E. 订单培养学生　　　　　F. 共同开发教材
G. _____

35. 您所在企业与职业院校是否建立订单班？_____
A. 有　　　　　　　　B. 无
2017 年订单班在校学生数量是 _____。
A. 30 人以下　　　　　B. 30~50 人　　　　　　C. 50~100 人　　　　　D. 100 人以上
如有毕业生，订单班学生的留用率是 _____。
A. 20% 及以下　　　　B. 20%~30%　　　　　　C. 30%~40%　　　　　D. 40% 以上

36. 您所在企业招聘实习生数量最多的前三个岗位是_____、_____、_____。

37. 您所在企业每年从高职院校招聘的毕业生人数为 _____。
A. 5 人以下　　　　　B. 5~10 人　　　　　　　C. 10~20 人　　　　　D. 20 人以上
招聘人数最多的院校为 _____。

38. 您所在企业近几年从职业院校所招聘的毕业生中，专业主要集中在（可多选）_____。
A. 酒店管理　　　　　B. 旅游管理　　　　　　C. 导游　　　　　　　　D. 旅行社经营管理
E. 景区服务与管理　　F. 休闲服务与管理　　　G. 会展　　　　　　　　H. 其他

39. 您认为目前旅游企业招聘的应届毕业生的以下哪几项最需要提升（可多选）_____。

A. 工作经验　　　　B. 吃苦耐劳　　　　C. 管理水平　　　　D. 专业知识
E. 学历层次　　　　F. 服务意识　　　　G. 性格特征　　　　H. 思维与视野
I. 国际化水平　　　J. 职业道德　　　　K. 外语能力　　　　L. 忠诚度
M. 其他

40. 您认为职业院校学生在校期间的实习时间多长合适？（单选）_____。

A. 三个月以下　　B. 三个月到半年　　C. 半年到一年　　D．一年以上

41. 您对现在职业院校培养的旅游管理专业学生还有哪些具体看法和建议？
_____

附录 B 职业院校旅游人才培养状况调查问卷

《中国旅游类人才供给与需求研究报告》院校调查问卷

您好！

根据《中国旅游类人才供给与需求研究报告》课题研究的需要，现针对 2017 年我国旅游人才培养现状进行问卷调研，旨在了解我国职业院校对旅游类专业学生的人才培养和相关需求。此问卷不记姓名，本研究的所有资料仅用于本次研究，不会对您个人和所在单位带来任何不利影响。真诚感谢您的帮助！

课题组

第一部分 院校基本情况

1. 院校名称：_____。
2. 院校性质：_____。
   A. 公办院校　　　　B. 民办院校　　　　C. 其他
3. 贵校开设的旅游类专业主要有（可多选）_____。
   A. 酒店管理　　　B. 旅游管理　　　C. 导游　　　D. 旅行社经营管理
   E. 景区服务与管理　F. 休闲服务与管理　G. 会展　　H. _____
4. 贵校旅游类专业在校生人数为_____。
   A. 100 人以下　　　　　B. 100~300 人　　　　　C. 300~500 人
   D. 500~1000 人　　　　 E. 1000~2000 人　　　　F. 2000 人以上
   其中，_____专业在校生人数最多；人数为_____人。
   A. 酒店管理　　　B. 旅游管理　　　C. 导游　　　D. 旅行社经营管理
   E. 景区服务与管理　F. 休闲服务与管理　G. 会展　　H. _____
5. 旅游类专业生源主要为_____。
   A. 本省　　　　　B. 周边省　　　　　C. 全国
   如为全国招生，涉及省（自治区、直辖市）为_____。

A. 5 个以下　　　　　B. 5~10 个　　　　　C. 10~20 个　　　　D. 20 个及以上

其中，省内生源占比_____。

A. 30% 以下　　　　B. 30%~40%　　　　C. 40%~50%　　　　D. 50% 以上

6. 2018 年旅游类专业拟招生的总人数为_____。

A. 100 人以下　　　　　　　　B. 100~300 人　　　　　　　　C. 300~500 人

D. 500~1000 人　　　　　　　E. 1000~2000 人　　　　　　　F. 2000 人以上

7. 2018 年旅游类专业拟招生的专业有（可多选）_____。

A. 酒店管理　　　　　B. 旅游管理　　　　C. 导游　　　　D. 旅行社经营管理

E. 景区服务与管理　　F 休闲服务与管理　　G. 会展　　　　H. _____

8. 2017 年招生人数最多的专业是_____。

A. 酒店管理　　　　　B. 旅游管理　　　　C. 导游　　　　D. 旅行社经营管理

E. 景区服务与管理　　F. 休闲服务与管理　　G. 会展　　　　H. _____

9. 2017 年招生人数最少的专业是_____。

A. 酒店管理　　　　　B. 旅游管理　　　　C. 导游　　　　D. 旅行社经营管理

E. 景区服务与管理　　F. 休闲服务与管理　　G. 会展　　　　H. _____

10. 2017 年就业率最高的专业是_____。

A. 酒店管理　　　　　B. 旅游管理　　　　C. 导游　　　　D. 旅行社经营管理

E. 景区服务与管理　　F. 休闲服务与管理　　G. 会展　　　　H. _____

其就业率为_____%，对口就业率为_____%。

11. 2017 年就业率最低的专业是_____。

A. 酒店管理　　　　　B. 旅游管理　　　　C. 导游　　　　D. 旅行社经营管理

E. 景区服务与管理　　F. 休闲服务与管理　　G. 会展　　　　H. _____

其就业率为_____%，对口就业率为_____%。

12. 2018 年拟开设的旅游类新专业有_____；

2018 年拟停招的旅游类专业有_____。

13. 2017 年贵校旅游类专业校内实训实习基地有_____。

A. 5 个以下　　　　　B. 5~10 个　　　　　C. 10~20 个　　　　D. 20 个及以上

14. 贵校旅游类专业中_____专业为省级及以上示范（或品牌）专业（可多选）。

A. 酒店管理　　　　　B. 旅游管理　　　　C. 导游　　　　D. 旅行社经营管理

E. 景区服务与管理　　F. 休闲服务与管理　　G. 会展　　　　H. _____

15. 贵校旅游类专业人才培养模式一般为_____。

A. 2+1　　　　　　　　　　B. 1+1+1　　　　　　　　　　C. 2.5+0.5

D. 1.5+1+0.5　　　　　　　E. _____

第二部分　校企合作情况

16. 贵校与企业合作的旅游类专业有（可多选）_____。
    A. 酒店管理　　　　B. 旅游管理　　　　C. 导游　　　　D. 旅行社经营管理
    E. 景区服务与管理　F. 休闲服务与管理　G. 会展　　　　H. _____

17. 合作旅游企业的类型（可多选）_____。
    A. 酒店　　　　　　B. 线下旅行社　　　C. 线上旅行社　　D. 景区
    E. 会展公司　　　　F. 其他
    其中_____类型的企业最多。
    A. 酒店　　　　　　B. 线下旅行社　　　C. 线上旅行社　　D. 景区
    E. 会展公司　　　　F. 其他

18. 贵校旅游类专业与企业合作的方式有（可多选）_____。
    A. 提供实习基地　　　　B. 师资或行业专家共享　　C. 共同制订人才培养方案
    D. 共建实习基地　　　　E. 订单培养学生　　　　　F. 共同开发教材
    G. 现代学徒制　　　　　H. _____

19. 贵校旅游类专业合作的企业有多少家_____？
    A. 1 家 / 专业　　B. 2~5 家 / 专业　　C. 5~10 家 / 专业　　D. 10 家以上 / 专业

20. 合作的旅游企业等级为_____。
    A. 二星或 2A 及以下　　　B. 三星或 3A　　　　C. 四星或 4A
    D. 5 星或 5A　　　　　　 E. 无等级

21. 旅游类专业是否建立订单班？_____。
    A. 有　　　　　　B. 无
    如有，2017 年订单班的学生数量是_____。
    A. 30 人以下　　B. 30~50 人　　C. 50~100 人　　D. 100 人以上
    订单班学生的留用率是_____。
    A. 20% 及以下　B. 20%~30%　　C. 30%~40%　　D. 40% 以上
    2017 订单班学生人数最多的专业是_____。
    A. 酒店管理　　　　B. 旅游管理　　　　C. 导游　　　　D. 旅行社经营管理
    E. 景区服务与管理　F. 休闲服务与管理　G. 会展　　　　H. _____
    2017 年订单班学生的留用率最高专业是_____。
    A. 酒店管理　　　　B. 旅游管理　　　　C. 导游　　　　D. 旅行社经营管理
    E. 景区服务与管理　F. 休闲服务与管理　G. 会展　　　　H. _____

22. 校企合作的期限一般为_____。
    A. 1 年　　　　　B. 2~3 年　　　C. 3~5 年　　　D. 5 年以上

23. 2017年贵校旅游类专业校外实习基地有_____。

A. 5家/专业以下　　　　　　　　　　B. 6~10家/专业

C. 11~20家/专业　　　　　　　　　　D. 21家以上/专业

24. 合作企业顶岗实习的时间为（单选）_____。

A. 三个月以下　　B. 三个月到半年　　C. 半年到一年　　D. 一年及以上

第三部分　实习就业情况

25. 旅游类企业提供的招聘就业实习岗位有（可多选）_____。

A. 一线业务岗　　　　　　B. 一线技术岗　　　　　　C. 基层管理岗（储备）

D. 基层技术骨干（储备）　　E. 其他

26. 每家企业提供的实习岗位数量为_____。

A. 5个以下　　　　　　　　B. 5~10个　　　　　　　　C. 10~15个

D. 15~20个　　　　　　　　E. 20个及以上

其中，招聘实习生数量最多的前三个岗位是_____、_____、_____。

27. 2017年企业招聘的旅游类专业学生毕业实习人数为_____。

A. 30人以下/专业　　　　　　　　　　B. 30~50人/专业

C. 50~100人/专业　　　　　　　　　　D. 100人以/专业上

其中，招聘人数最多的专业为_____。

A. 酒店管理　　　B. 旅游管理　　　C. 导游　　　D. 旅行社经营管理

E. 景区服务与管理　　F. 休闲服务与管理　　G. 会展　　H. _____

28. 贵校认为旅游企业招聘的应届毕业生最看重以下哪几项能力（可多选）_____。

A. 工作经验　　　B. 吃苦耐劳　　　C. 管理水平　　　D. 专业知识

E. 学历层次　　　F. 服务意识　　　G. 性格特征　　　H. 思维与视野

I. 国际化水平　　J. 职业道德　　　K. 外语能力　　　L. 忠诚度

M. 其他

29. 2017年旅游类企业提供的实习薪酬一般为_____。

A. 1000~1200元/月　　　B. 1200~1500元/月　　　C. 1500~1800元/月

D. 1800~2000元/月　　　E. 2000元以上/月

30. 2017年旅游类专业就业实习时限为_____。

A. 三个月以下　　B. 三个月到半年　　C. 半年到一年　　D. 一年

31. 2017年招聘实习生最多的企业类型为_____。

A. 酒店　　　　　B. 线下旅行社　　　C. 线上旅行社　　　D. 景区

E. 会展公司　　　F. 其他

32. 2017 年贵校旅游类专业学生实习结束在实习单位的留用率为 _____。

A. 10% 及以下　　　　　　B. 10%~20%　　　　　　C. 20%~30%

D. 30%~40%　　　　　　　E. 40% 以上

33. 贵校认为自己培养的学生与行业的匹配度为 _____。

A. 非常匹配　　　　　　　B. 基本匹配　　　　　　　C. 不太匹配

D. 已经尽力，但效果不理想　　E. 不清楚

34. 贵校在旅游类专业校企合作、学生实习就业方面采取哪些措施？_____（可附典型案例）

附录 C 关于构建旅游人才质量指标体系的调研问卷

尊敬的专家：

您好！

根据《中国旅游类人才供给与需求研究报告》课题研究的需要，希望您在百忙之中接受我们对构建旅游人才质量指标体系的调研，本次调研的所有信息仅供调查研究所用，没有其他任何商业用途。感谢您的支持和帮助！

课题组

请您为下表旅游人才质量指标体系的指标进行打分（在被选项下打"√"或在其他栏中填上您的意见）。

序号	指标	不重要（1分）	重要性较小（2分）	一般重要（3分）	比较重要（4分）	非常重要（5分）
1	职业道德与责任感					
2	创新能力					
3	心理素质					
4	服务意识					
5	人文素养					
6	观察能力					
7	人际交往与沟通能力					
8	专业知识与技能					
9	管理组织能力					
10	外语能力					
11	身体素质					
12	终身学习能力					
13	团队协作能力					
14	工匠精神					
15	计算机能力					
16	营销能力					

第二部分

会展行业人才需求与职业院校专业设置指导报告

项 目 编 号：2018RCXQ11
项目负责人：康　年
依 托 单 位：上海旅游高等专科学校

前　言

2017 年，世界经济继续保持温和复苏态势，全球会展业呈现出全方位、多元化、稳定的发展趋势。在国内外经贸形式和市场格局变化背景下，中国会展业加快实施市场多元化战略，并以"一带一路"倡议为契机，不断拓展国际经贸市场新空间。与此同时，会展教育也呈现蓬勃发展态势。特别是 2015 年 3 月《国务院关于进一步促进展览业改革发展的若干意见》出台后，我国会展教育得到了前所未有的重视，获得了长足的进步。

我国会展人才奇缺，会展人才培养在数量上、质量上跟不上会展行业的发展，会展专业对产业的支持不够，不仅给展会的举办带来困难，最终还会影响会展业的健康发展。因此，如何解决会展行业人才需求与职业院校专业设置上特别是专业人才培养方面的不匹配和不适应，是本项目需要解决的问题。本项目的研究对深入推进会展职业教育事业的改革与发展，特别是指导会展院校专业设置如何主动适应区域会展产业发展需要具有重要的现实意义。

本项目牵头单位是上海旅游高等专科学校。项目主持人为康年教授。课题组成员由国内知名的会展研究专家、会展教育专家、企业专家组成，具有不同的学科专业背景、专业领域和学界业界实践工作经历与经验，从而为本项目研究提供不同的研究视角和智力支持。

本报告通过系统分析本行业技术技能人才需求情况和职业院校人才培养状况，为教育行政部门如何引导和规范职业院校开设会展专业提供政策决策建议与依据；为职业院校设置会展专业和人才培养工作开展提供指导意见与建议；为行业企业与职业院校联合培养会展专业人才提供意见和建议。

本报告的研究方案和工作过程如下：背景分析—需求预测分析—供给现状分析—需求与供给分析—对策与建议。第一，背景分析。该部分重点分析了目前我国经济新常态下会展行业在市场中的发展现状。第二，需求预测。该部分首先从会展人才区域结构、会展企业人才结构、会展人才素质等方面，对会展行业人力资源队伍现状进行了调研分析，结合会展业发展趋势与产业结构转型提升，对会展从业人员总量需求、业态需求和会展人才需求进行了预测。第三，供给现状分析。该部分通过调研，总结和介绍了会展行业职业教育总体发展情况，重点开展了会展院校的专业招生、就业状况与区域分布分析。第四，需求与供给分析和对策与建议。该部分对会展行业从业人员需求与供给数量与质量进行了分析。最后,综合上述分析,为会展院校专业设置提出了指导意见与建议,如下图所示。

课题组通过对173家企业与42所职业院校进行问卷调研,并与7家会展行业代表性企业与9所会展类职业院校进行深度访谈,同时借助爬虫数据及网络文献等资料,运用定量定性等多种分析法,建立数学模型,对行业技术技能人才需求与职业院校专业设置和院校人才培养质量分别进行匹配分析。结果发现,一是会展行业的人才需求将逐年增加,人才供给量远远达不到人才需求量;二是东部人才需求显著多于中西部,大量中西部毕业生涌向东部;三是市场需求岗位能力素质要求与毕业生能力素质基本匹配。

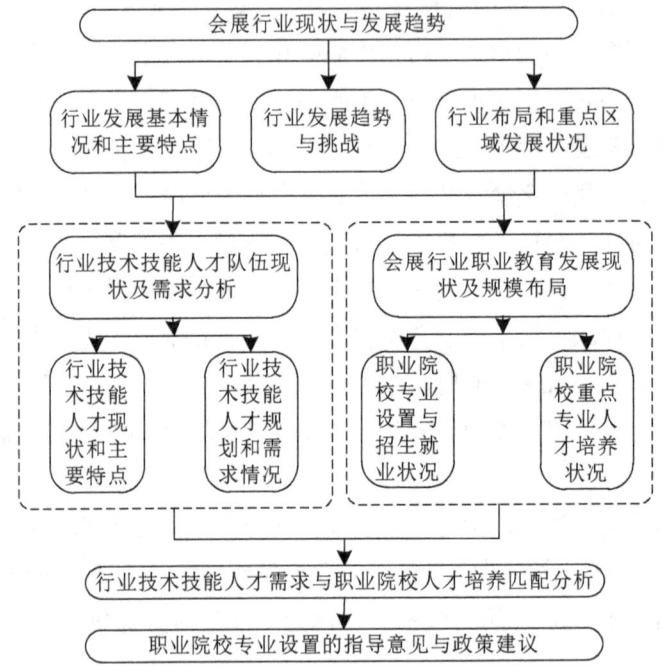

最后,为全国职业院校会展专业设置提出了指导意见与建议:一是拓展会展专业(群)结构,对接区域行业人才需求;二是开展校企浸入式合作,探索产教融合机制;三是搭建校内实践平台,推进专业实践教学模式改革;四是优化专业核心课程,对接岗位核心能力;五是适应人工智能新时代,探索会展新技术应用。

第一章 会展行业现状与发展趋势

会展是指会议、展览、大型活动等集体性的商业或非商业活动的简称。其概念内涵是指在一定地域空间,许多人聚集在一起形成的、定期或不定期的、制度或非制度的传递和交流信息的群众性社会活动,其概念的外延包括各种类型的博览会、展销活动、大中小型会议、文化活动、节庆活动等。会展业是指由会展经济活动而引起的相互联系、相互作用、相互影响的同类企业的总和,是现代经济体系的有机组成部分。

随着经济全球化水平的不断提升和国家间合作的不断加深,会展行业与旅游业、房地产并称为"世界三大无烟产业",也由此成为城市名片、城市经济助推器的代名词。目前,我国会展行业显示出强劲的发展势头,会展行业的发展已成为拉动经济增长的重要手段,会展经济1:9的概念因此出现,即展会收益比例为1,带动其他产业利润的比例为9。

一、会展行业发展基本情况和主要特点

(一) 会展行业发展迅速

我国会展行业显示出强劲的发展势头,会展行业的发展已成为拉动经济增长的重要手段。据统计,全球会展业每年产生的直接经济效益超过3000亿美元,为世界经济带来的增长总额超过3万亿美元,根据商务部等机构的统计数据,2011年会展经济直接产值仅为3016亿元,2017年增加到6297亿元,直接拉动经济产出达5万亿元,在国内生产总值中占比达6%[①],会展产业因此被市场和企业誉为朝阳产业。

图1-1所示为2011—2017年会展业直接产值统计。

近年来,我国政府高度重视会展业发展,相继出台多项政策优化会展行业发展环境,促使其逐步走向规范化、科学化、全球化,如表1-1所示。

---

① 中国国际贸易促进委员会《中国展览经济发展报告2017》,2018。

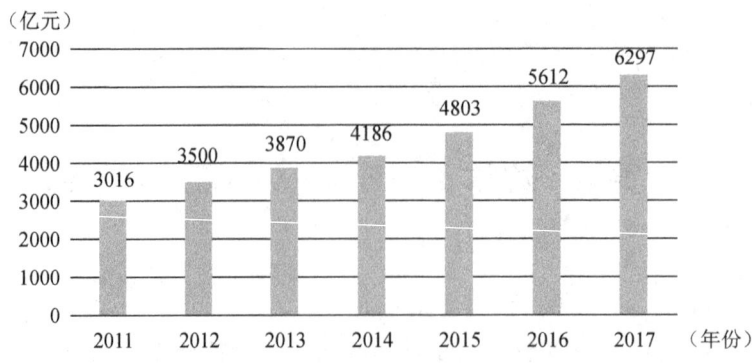

图 1-1 2011—2017 年会展业直接产值统计

表 1-1 2011—2017 年我国会展行业主要政策列举

年份	政策文件	发布单位
2011	《商务部关于"十二五"期间促进会展业发展的指导意见》	商务部
2013	《2013 年农业部展览计划》	农业部
2013	《关于印发 2013 年商务部主办内贸展会计划的函》	商务部
2014	《2014 年农业部展会计划》	农业部
2015	《关于加快发展服务贸易的若干意见》	国务院
2015	《2015 年农业部展会计划》	农业部
2015	《关于进一步促进展览业改革发展的若干意见》	国务院
2016	《农业部展会工作管理办法》修订版	农业部
2017	《服务贸易发用"十三五"规划》	商务部

（二）会展行业业态呈现多样化

会展行业的产业链，是以展览公司和展览场馆为核心，由会展主办方和承办方、展览服务机构、会展代理销售机构、参展商和参展观众等多个因素共同组成的链条，这一个链条上的每个元素紧密联系、相互作用，创造出比单一企业更大的协同效应。

图 1-2 所示为 MICE 产业链。

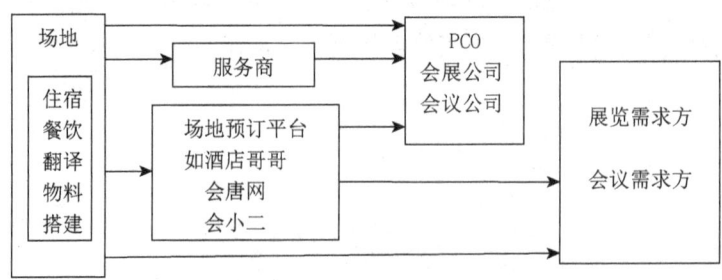

图 1-2 MICE 产业链

会展产业在很长一段时间内几乎成了展览业的代名词,但近几年活动产业发展迅猛。中国每年举办大量公关活动、奖励旅游、商务旅行、团建活动、品牌文化活动、营销活动,催生了各类公关公司、奖励旅游公司、商旅公司、团建公司等。除此之外,新的活动不断涌现,这意味着活动的数量将会进一步增加,活动产业的规模和创造的就业机会也将增加。

同时会展行业区分界限变得模糊,如展览、大会和会议之间的界限模糊,这种趋势将会持续下去甚至会加强。会展行业业态呈现多样化,展览、会议、奖励旅游和节事活动共同发展。

1. 展览行业发展基本情况

近年来,国内展览规模不断扩大,展览经济效益持续快速增长。2017年在专业展览场馆举办的各类展览会共5604场,展览总面积10 642万平方米,分别较2016年增长1%和12.3%。2017年全国展馆市场继续保持平稳趋势,一部分大型展馆新建或投入使用,室内可供展览面积在5000平方米以上且正在运营使用的展馆共计211家,其中达10万平方米以上的展馆23家。展览企业经营效益持续向好,2017年全国展览会营业收入达872亿元;展览行业利润率总体水平达21.6%,较2016年提升9.7个百分点[①]。

2010—2017年我国办展数量和面积统计如图1-3所示。

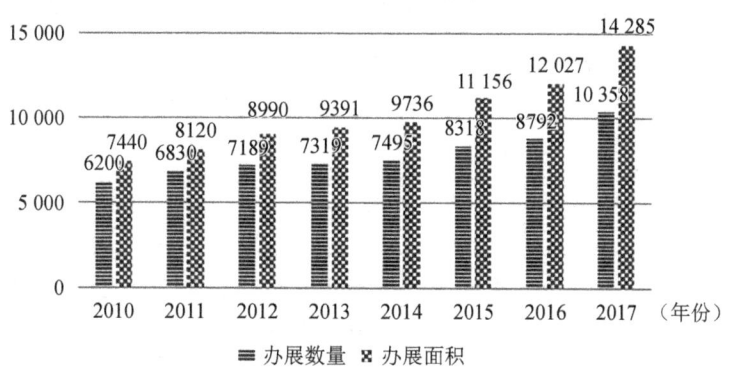

图1-3 2010—2017年我国办展数量和面积统计

资料来源:中国会展经济研究会《2017年度中国展览数据统计报告》,2018。

从行业发展情况来看,国内展览总量稳步提升,出国展览整体增长放缓。据不完全统计,2017年,国内共举办4022个展览会,其中,采集到面积的经贸类展览会3663个,展览会总面积约为12 379万平方米,平均规模不断增加。2017年,我国出国办展增速虽然放缓,但整体规模依然保持增长态势,参展数量不断增多,展览面积稳步增长,参展企

---

① 中国国际贸易促进委员会《中国展览经济发展报告(2017)》,2018。

业数量逐渐提升。全国100家组展单位共赴70个国家举办展(博)览会,参展1549项,较2016年同比增长3.82%[①]。

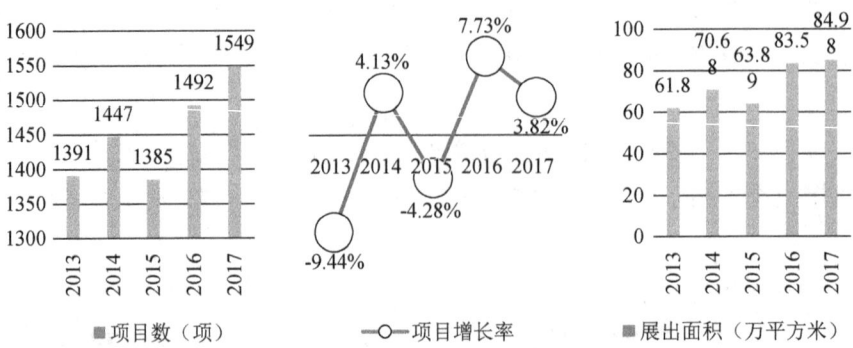

图1-4 2013—2017年出国办展概况

2. 会议行业发展基本情况

会议业作为会展业的重要组成部分,正在迅速成长。国际大会及会议协会(International Congress and Convention Association,ICCA)规定的国际会议标准有3个:①至少有50个参加者;②定期组织举行会议(不包括一次性会议);③必须在至少3个国家举行。从全球会议业发展情况来看,2017年举办国际会议最多的国家仍为美国(见表1-2),我国在国际会议市场上还有很大的提升空间。

表1-2 2017年度ICCA国际会议国家排名

排名	国家	国际会议数量(场)
1	美国	941
2	德国	682
3	英国	592
4	西班牙	564
5	意大利	515
6	法国	506
7	日本	414
8	中国	376
9	加拿大	360
10	荷兰	307

数据来源:ICCA数据研究《ICCA China Meeting 2018》,2018。

---

① 中国会展经济研究会《2017年度中国展览数据统计报告》,2018。

2002—2017年中国国际会议发展状况如表1-3所示。

表1-3 2002—2017年中国国际会议发展状况

年份	数量（场）	增长率（%）
2002	136	61.9
2003	85	-37.5
2004	235	176.5
2005	231	-1.7
2006	274	18.6
2007	279	1.8
2008	294	5.4
2009	284	-3.4
2010	282	-0.7
2011	302	7.1
2012	311	3.0
2013	340	9.3
2014	332	-2.4
2015	333	0.3
2016	410	18.8
2017	376	-9.0
平均值	281.5	15.5

数据来源：ICCA数据研究《ICCA China Meeting 2018》，2018。

从国内会议市场情况来看，2017年我国共举办了376场国际会议，比2016年减少了34场，从2002年到2017年，我国平均每年举办会议281.5场，平均增长15.5%，这表明我国正在成为越来越多国际社团会议青睐的国际会议目的地。

3. 奖励旅游和节事活动行业发展基本情况

奖励旅游是如今商旅中最常提起的一个词语，随着全球范围内对奖励资源需求的急速增长，奖励旅游取得了不俗的成绩，且增长速度惊人。据美国旅游协会公布的美国旅游业影响力报告显示，2015年美国商旅和会议、活动及奖励旅游总收入为2963亿美元，5年内增长了18%。

节事活动有助于出口、投资、基础设施建设、文化鉴赏、公民和国家自豪感和社区凝聚力培养，也有助于形成目的地形象、创意企业、知识转化、专业开发，以及旅游活动等。

中国最具国际影响力的十大节庆活动如表1-4所示。

表1-4 中国最具国际影响力的十大节庆活动

1	北京国际旅游文化节
2	上海国际艺术节
3	中国吴桥国际杂技艺术节
4	平遥国际摄影大赛
5	宁波国际服装节
6	青岛国际啤酒节
7	潍坊国际风筝会
8	中国曲阜国际孔子文化节
9	中国金鹰电视艺术节
10	南宁国际民歌艺术节

据统计，山东省2017年约举办节事活动160场，湖南省举办重大节会159个，较上年增加28个[①]。我国大大小小的节庆有数千个之多，其中北京国际旅游文化节、上海国际艺术节、中国吴桥国际杂技艺术节等活动已逐渐成为享誉中外的文化品牌。但总体而言，我国真正具有文化影响力的强势节庆品牌并不多。

（三）会展行业经营管理模式创新化

传统会展行业经营模式多为线下展示，但随着互联网、信息技术为会展业发展注入了新的活力，"双线会展"经营模式的应用为展览业的发展注入新的活力和新的机遇。我国展览业有望实现媒体、展览和广告3个行业跨界融合，把线下的大型活动及大型场景"再造"并在互联网上举办、展示和宣传，在互联网上培育打造出全新的数字展会产业经济形态。

（四）会展行业国际化程度加深

从展览的层面看，全国展览业协会（UFI）中国大陆的会员从2012年到2017这5年中从74个增长到111个，增加了37个，增长了50%。被UFI批准认证的项目数，近5年从57个增长到79个，增长28%。同时在"一带一路"倡议下，我国出国展览数量持续上升，2016年全国83家组展单位共赴32个"一带一路"沿线国家实施办展项目（包括自办展及代理展）602项，较上年增加83项，占出展项目总量的42.2%；展出总面积为30.2

---

① 湖南省贸促会《2017湖南会展业发展报告》，2017。

万平方米，较上年增加 7.3 万平方米，占总量的 39.7%。

二、会展行业发展趋势与挑战

（一）会展行业发展趋势

随着国际化进程的加快，中国会展产业保持持续增长态势，在稳定内需和扩大对外开放的过程中，会展业发挥着"战略性先导产业"的作用，进一步提高市场化，从高速发展转入以提质增效为目标的"质量发展阶段"。

1. 品牌化、集团化、国际化趋势明显

依托于所在城市及区域的产业，发达国家主要会展地区与其本身的产业发展特点紧密相关，并形成了品牌效应。国际上诸多著名展会依托当地优势产业发展，如巴黎时装文化展览会、汉诺威工业博览会、杜塞尔多夫国际印刷包装展等。展会大型化、集团化、品牌化已成为国际展览业的发展趋势。中国已初步涌现一批具有知名品牌的会展企业，如振威展览集团、上海万耀企龙展览公司等。但我国与德国、英国、意大利、法国等会展强国的国际知名会展公司及品牌展会相比，其品牌知名度仍存在差距，品牌化将是未来一段时间内中国会展业发展的重要趋势。

2. 市场化进程不断深化

2015 年中国展览业迎来了加快转型发展的转折点，国务院于 4 月发布的《关于进一步促进展览业改革发展的若干意见》强调，促进展览业改革发展，坚持专业化、国际化、品牌化、信息化方向，培育壮大市场主体，加快展览业转型升级。到 2020 年，基本建成结构优化、功能完善、基础扎实、布局合理、发展均衡的展览业体系。随着政府不断简政放权，会展行业的市场化程度将持续上升。

3. 信息化渗透程度加深

"互联网+"作为推动会展业新一轮转型的外在动力，对传统会展业形成具有变革意义的冲击和倒逼，刺激会展商业模式主动调整，重构产业格局。随着人工智能技术的应用，通过"智能+会展项目""智能+会展机构""智能+会展场馆""智能+会展城市"等，将形成人工智能下的新会展生态圈。如通过"智能+会展项目"，解决目前会展项目基本上面临的增收难、亮点少、营销差、环节庞杂、效率低、人才稀缺的痛点。

4. 产业链延伸多元化

传统会展产业链多围绕展会及会议的开展而形成，但统计数据显示，在未来活动产业将会继续增长。会展产业链进一步拓展延伸（见图 1-5），一是系列化产业链延伸，走向是"会展场地出租—会展工程—会展物流—餐饮酒店—旅游"，其目的是以不同的形式来充分利用场馆资源，进而形成相得益彰的会展服务和产品格局；二是一体化产业链延伸，走向是"策划—会展设计营销—会展培训和研究—会展信息服务—会展网络增值业务"；三是多元化产业链延伸，走向是"会展—其他行业"，是以会展主业积累的资本进入投资回报率高的相关行业。

在服务范围上,国际会展业正在向多元化方向发展,包括展会项目的多行业化、经营服务的多样化等。随着会展业持续蓬勃发展,国内主要会展企业和外资会展企业逐步通过收购优质会展运营商、新设会展项目等方式拓展行业布局;经营服务也将从单一专业会展策划、运营延伸至场馆搭建、展馆运营等展览相关领域。

MICE 产业链延伸如图 1-5 所示。

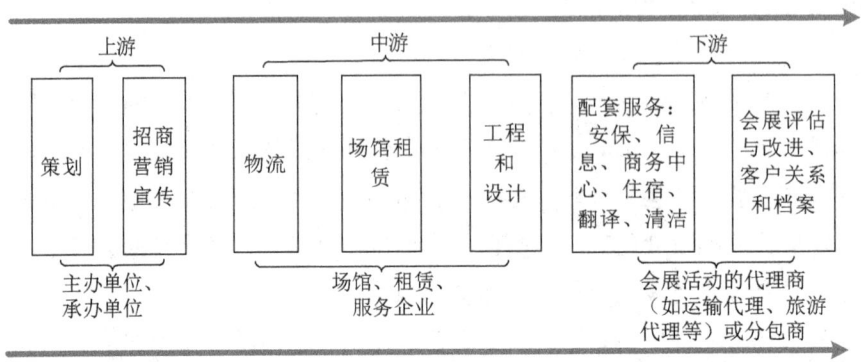

图 1-5　MICE 产业链延伸

(二)会展行业发展挑战

1. 会展行业市场化程度仍需提高

市场化程度低是现阶段国内会展业可持续发展所面临的一个关键性问题。目前会展业缺乏一套完整的 PCO(会展组织者)、DMC(目的地接待者)接待服务体系,行政干预过多,还未形成规模化、独立发展的产业。

2. 会展行业规模经济效应不明显

我国会展业发展的历史还比较短,处在探索及积累经验的时期,存在一些不可忽视的问题,主要包括"小、散、乱"的现象比较突出,缺乏有规模、上档次的会展品牌等。展览行业是一个规模经济效应明显的产业,即当一个展览会达到一定规模时,收益增加的比率要大于展览生产要素投入的比率。因此,会展业的发展要特别注意树立品牌意识,多创造一些像广交会、科博会这样有规模经济和国际影响力的精品。

3. 会展行业区域发展失衡

国内会展业的区域发展失衡有两个明显的表现。一是区域会展业发展不平衡,即各省市的会展业发展水平相差明显但又不是真正的"重点突出,合理分散"。据统计显示,2017 年华东地区共举办展览会 1470 个,占全国经贸类展会总量的 40%,华北地区举办展览会 609 个,占比为 17%,而西北地区举办展会 143 个,仅占比 4%。二是国家对会展场馆建设的失衡。因为各省市都提出要大力发展会展经济,而很少有城市注重自身的区位、资源条件及市场环境,缺少科学的总体规划。

三、会展行业布局和重点区域发展状况

(一)会展行业布局状况

1. 全国各省(区、市)展览数量和展览面积分布状况

统计发现,我国会展业发展呈现区域发展不平衡的特点,各区域举办的展览会数量分布不均,华东地区处于领先位置,其次是华北、华南、华中、西南、东北和西北地区,如图1-6所示。

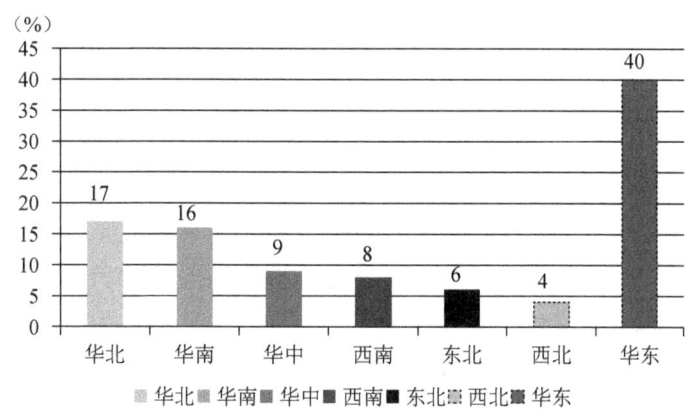

数据来源:中国国际贸易促进委员会《中国展览经济发展报告(2017)》,2018。

图1-6 2017年展览会数量地区分布

2017年,全国按展览面积排名的前十个省(直辖市)的展览数量占全国展览总数的69.7%,展览总面积占全国展览总面积的71.8%。2017年,全国按展览面积排名的前十个城市的展览数量占全国展览总数的36.95%,展览总面积占全国展览总面积的44.6%[1]。

2017年全国各省展览数量和展览面积统计如表1-5所示。

表1-5 2017年全国各省展览数量和展览面积统计

序号	省/区/市	展览数量 (场)	展览数量全国占比 (%)	展览面积 (万平方米)	展览面积全国占比 (%)	展览平均面积 (万平方米)
1	广东	1019	9.84	1818.82	12.73	1.78
2	上海	767	7.40	1689.00	11.82	2.20
3	山东	935	9.03	1381.26	9.67	1.48
4	江苏	1212	11.38	1105.80	7.73	0.91
5	重庆	496	4.79	876.50	6.14	1.77

---

[1] 中国会展经济研究会《2017年度中国展览数据统计报告》,2018。

2017年全国各市展览数量和展览面积统计如表1-6所示。

表1-6 2017年全国各市展览数量和展览面积统计

序号	城市	展览数量（场）	展览数量全国占比（%）	展览面积（万平方米）	展览面积全国占比（%）	平均展览面积（万平方米）
1	上海	767	7.40	1689.00	11.82	2.20
2	广州	662	6.39	976.00	6.83	1.47
3	重庆	496	4.79	876.50	6.14	1.77
4	北京	365	3.52	595.50	4.17	1.63
5	南京	509	4.91	487.35	3.41	0.96

2. 全国各省（区、市）展览场馆数量、展览面积分布状况

从数量看，山东省展览场馆有64座，为全国各省（区、市）最多。四川省41座，江苏省32座，位居全国第二、第三。在各省（区、市）中，按投入使用展览场馆的室内可供展览总面积计算，山东省148.75万平方米，广东省126.94万平方米，上海市97.70万平方米，浙江省96.74万平方米，江苏省89.01万平方米，分列全国前五位[①]，如表1-7所示。

全国展览场馆室内可供展览面积前五十强中，仅有4个在中小城市，即江苏昆山，浙江永康、义乌，福建南安，其余均在大型城市。

表1-7 2017年全国各省（区、市）展览场馆数量、展览面积比较

省（区、市）	展馆数量（座）	展览面积（万平方米）	省（区、市）	展馆数量（座）	展览面积（万平方米）
山东	64	148.75	河南	10	20.2
广东	27	126.94	黑龙江	7	19.28
上海	9	97.70	吉林	9	19.21
浙江	26	96.74	山西	11	18.77
江苏	32	89.01	广西	5	16.22

2017年全国展览场馆室内可供展览总面积超过10万平方米的城市如表1-8所示。

---

① 中国会展经济研究会《2017年度中国展览数据统计报告》，2018。

表 1-8 2017 年全国展览场馆室内可供展览总面积超过 10 万平方米的城市

城市	展馆面积（万平方米）	城市	展馆面积（万平方米）
上海	97.70	温州	19.40
青岛	80.40	漳州	18.40
深圳	61.80	太原	17.60
广州	49.24	菏泽	17.15
西安	45.90	长春	16.59

2017 年全国室内可供展览面积排名前五的展览场馆如表 1-9 所示。

表 1-9 2017 年全国室内可供展览面积排名前五的展览场馆

序号	展览馆名称	省（区、市）	城市	室内展览面积（万平方米）
1	国家会展中心（上海）	上海	上海	40.00
2	中国进出口商品交易会展馆（广州）	广东	广州	33.80
3	昆明滇池国际会展中心	云南	昆明	30.00
4	上海新国际博览中心	上海	上海	20.00
5	重庆国际博览中心	重庆	重庆	20.00

2017 年全国展览场馆利用率前五名如表 1-10 所示。

表 1-10 2017 年全国展览场馆利用率前五名

序号	场馆名称	使用面积（万平方米）	利用率（%）
1	成都世纪城·新国际会展中心	485.73	63.13
2	上海新国际博览中心	892.72	57.14
3	上海世博展览中心	268.23	56.81
4	北京中国国际展览中心（朝阳馆）	160.88	54.33
5	北京中国国际展览中心（顺义馆）	327.28	45.68

根据会展场馆、会展企业、会展业绩等综合指标衡量，北京、上海、广州三大会展中心城市优势明显，重庆、南京等城市发展加快，其他一些中西部城市发展则需假以时日。

2017 年中国城市展览业发展综合指数评价排序如表 1-11 所示。

表 1-11　2017 年中国城市展览业发展综合指数评价排序

序号	1	2	3	4	5
城市	上海	北京	广州	深圳	成都
展览数量（场）	579	221	200	114	143
展览总面积（万平方米）	1520	476	915	262	324
在境外自主办展数（场）	2	78	4	—	—
在境外自主办展主体数（个）	2	23	2	—	—
展馆数量（座）	9	9	5	2	8
展览面积（万平方米）	97.7	26.28	49.24	61.8	40.06
政府主管机构（个）	7	6	3	2	5
IAEE 成员单位（个）	9	10	1	1	1
IAEE 个人成员（个）	24	29	11	11	2
UFI 成员（个）	18	14	8	10	1
UFI 认证项目（个）	105	46	49	15	14
TOP3 项目（个）	38	5	15	2	7
TOP100 项目（个）	6	8	9	—	8
本科院校（所）	14	11	14	—	7
专科院校（所）	3	10	2	3	—
上市公司（家）	50	34	3	23	3
综合指数（分值）	433.07	236.63	213.42	91.48	81.11

3. 全国各城市会议数量分布状况

2017 我国会议城市排名情况如表 1-12 所示，北京、上海、广州为承接国际会议最多的 3 个会议目的地城市。

表 1-12　2017 年中国国际会议发展状况城市排名

排名	城市	会议数量（场）
1	北京	81
2	上海	61
3	广州	22
4	西安	22
5	杭州	18

续表

排名	城市	会议数量（场）
6	深圳	15
7	武汉	15
8	成都	12
9	南京	12
10	天津	12

数据来源：ICCA 数据研究《ICCA China Meeting 2018》，2018。

（二）会展行业重点区域发展状况

改革开放 40 年来，会展业在我国各大城市中迅速发展起来，其中 4 个重点会展经济圈——环渤海会展经济圈、长三角会展经济圈、珠三角会展经济圈和中西部会展经济圈发展速度最为惊人，已经形成国内 4 个热点板块。

1. 环渤海会展经济圈

以北京为中心，以天津等城市为腹地。环渤海会展业起步早，发展到现在已有一定规模，而且门类齐全，具有国际化水准。据不完全统计，环渤海经济圈 2017 年共举办 847 场展会，展览会总面积为 2262 万平方米[①]。

2. 长三角会展经济圈

以上海为中心，以南京、杭州等城市为依托的会展产业圈已经形成。该产业圈规划合理，有政策扶持，起步高，受区位和产业结构的影响，其会展业务以贸易往来为主，在当地产业经济中具有举足轻重的作用。据不完全统计，长三角经济圈 2017 年共举办 1470 场展会，展览会总面积 5085 万平方米[①]。

3. 珠三角会展经济圈

以广州为中心，以广交会为助推器，以深圳等会展城市群，实现了高度国际化和产业的现代化，会展产业结构特色突出、会展地域及产业分布密集的会展经济圈。珠江三角洲地区发展会展经济具有强大的产业支撑。据不完全统计，珠三角经济圈 2017 年共举办 583 场展会，展览会总面积为 2557 万平方米[②]。

4. 中西部会展经济圈

中西部地区作为我国主要的农业生产基地、能源基地、原材料基地和重工业基地，旅游资源多样，有巨大的市场发展潜力。据不完全统计，中西部经济圈 2017 年共举办 763 场展会，展览会总面积为 2578 万平方米[③]。

[①②③] 中国会展经济研究会《2017 年度中国展览数据统计报告》，2018。

第二章 会展行业技术技能人才队伍现状及需求分析

一、会展行业技术技能人才现状和主要特点

课题组在全国范围内筛选出173家企业进行问卷调研，如表2-1所示，并在此基础上，走访7家会展行业代表性企业进行深度访谈，对其技术技能人才现状和需求情况进行调查分析。

表2-1 调研企业描述性统计

		企业数量（家）	所占比重（%）
企业性质	国有企业	17	10
	民营企业	140	81
	合资企业	11	6
	其他	5	3
地域分布	环渤海会展经济圈	36	21
	长三角会展经济圈	72	42
	珠三角会展经济圈	26	15
	中西部会展经济圈	39	22
所属业态分布	展览业	68	39
	会议业	47	27
	奖励旅游、节事活动	59	34
员工人数	20人以下	55	32
	21~50人	52	30
	51~100人	35	20
	100~200人	12	8
	200人以上	19	11

（一）会展行业人才总体情况

2015 年，我国会展行业直接就业人员达 96 万人次，同比增长 9.6%；2016 年会展业带动全国就业总人数达 3366 万人次，社会就业拉动效应显著。随着会展企业增多，吸纳就业人数将继续增加[①]。但是，目前会展行业也存在人才区域分布不均衡、人才学历层次较低等情况。

1. 人才区域分布不均衡

通过调研数据统计发现，会展人才主要集中于东部地区，占全国人才数量的 77%；中西部地区会展人才规模相对较小，占比 23%，如图 2-1 所示。

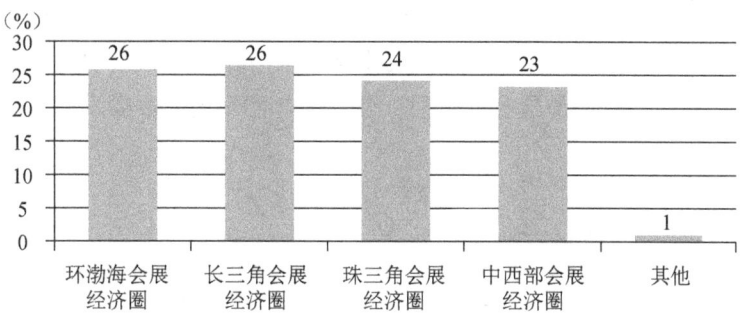

图 2-1　会展人才区域分布情况

2. 人才学历层次较低

根据问卷调研回收数据，初步得出会展行业不同规模及不同业态企业在岗员工学历分布情况，如表 2-2 和表 2-3 所示。

表 2-2　会展行业不同规模企业在岗职工学历分布

类型		企业数	职工总数	研究生及以上毕业生	本科毕业生	高职高专毕业生	中职及以上毕业生
大型企业		19	4750	333	1662	2009	475
中型企业		12	1800	144	1080	684	162
小微企业		142	5680	341	2272	2499	568
合计	人数		12 230	818	5014	5193	1205
	比例		100%	7%	41%	42%	10%

---

① 中国会展经济研究会统计工作委员会《2016 年中国会展行业资本市场发展报告》，2017。

表2-3 会展行业不同业态企业在岗职工学历分布

类型		企业数	职工总数	研究生及以上毕业生	本科毕业生	高职高专毕业生	中职及以上毕业生
展览业		68	5750	343	2672	2004	375
会议业		47	2880	231	1070	1599	362
奖励旅游和节事活动		59	3600	244	1272	1590	468
合计	人数		12 230	818	5014	5193	1205
	比例		100%	7%	41%	42%	10%

173家企业数据显示，目前会展行业人才学历集中在本科与高职高专层面，分别占比41%与42%。基于会展行业的服务业性质，其对人才的学历层次要求较低。其结构情况如图2-2所示。

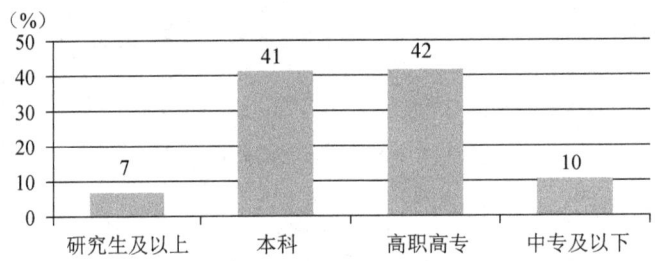

图2-2 会展人才学历结构

进一步按照四大会展经济圈划分上述企业，分别统计其人才学历结构（见图2-3）。可以看出，相对处于东部地区的环渤海、长三角、珠三角会展经济圈而言，中西部地区对人才学历层次要求更低，中专及以下人才占比高于东部地区，而本科人才占比低于东部，这与东西部经济整体发达程度有关。

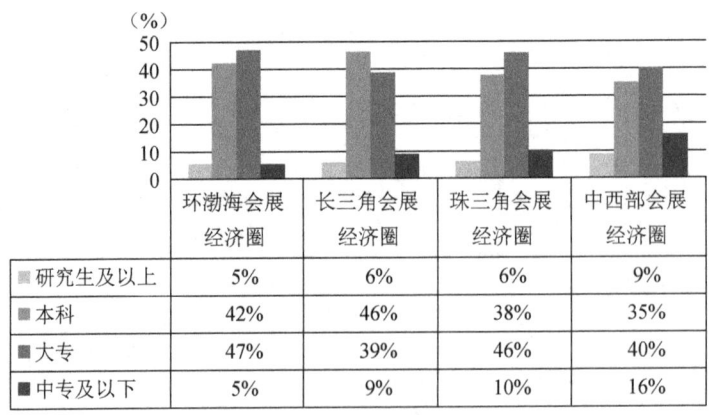

图2-3 四大会展经济圈会展企业人才学历结构

(二) 会展行业技术技能岗位

会展行业企业职业岗位主要定位在策划岗位群、管理岗位群、营销岗位群、运营岗位群和服务岗位群五大技术技能岗位群,但职业岗位的不同,对职业院校毕业生的职业能力要求有差异,如表2-4所示。

表2-4 会展行业技术技能岗位群与职业能力要求

技术技能岗位群	岗位名称	职业能力要求
策划岗位群	会展策划师	了解会展业市场,熟悉商务考察、会务及展览项目的执行流程;有较强的组织策划、逻辑思维和表达能力
	展览设计师	
	活动策划助理	
	会展工程师	
	文案策划	
	品牌策划经理	
管理岗位群	招聘经理	将组织内部的资源有效结合,合理计划,协调组织,制定进度,分配权责,流程控制,最终达到公司的目标
	人事行政专员	
	人事培训经理	
营销岗位群	展会销售专员	沟通表达能力强,主动销售意识强;具备较好的市场洞察力、商务谈判能力和外联能力;能接受出差的,抗压力强,学习能力强,稳定,乐于超越自我的
	招商专员	
	电话销售	
	会议会展销售	
	渠道营销专员	
	MICE 销售助理	
运营岗位群	项目经理	了解新媒体,对新媒体感兴趣;具备一定的采写技能及新媒体运营思想
	项目助理	
	市场经理	
	会展市场专员	
	公关专员	
	业务拓展总监	
服务岗位群	现场执行	善于、乐于沟通且会表达;遇到寻求帮助的客人要理解他们的意思,并能提供相应的帮助;遇到特殊情况,协调其他同事
	活动执行	
	客服专员	
	接待员	

（三）会展行业人才队伍类型

会展行业人才队伍主要分为以下 3 种类型：

①会展核心人才。主要是指会展的组织策划、经营开发和会展运作等会展高级运营管理人才，他们在行业中层次最高、专业性最强。

②会展辅助性人才。主要是根据会展计划和目标、具体实施会展操办各项准备工作和事项的人员，他们的工作是会展活动顺利开展必不可少的条件。

③会展支持性人才。这类人才受会展活动的牵制力相对于前两类人才要弱一些，他们除了为会展活动提供服务外，也对社会其他人员和组织提供服务。

从图 2-4 中可以看出会展行业人才结构呈金字塔形结构。依据调研情况，运营管理、会展设计、数据分析等会展核心人才尤为缺乏，应重点培养。另外，对于会展辅助、支持性人才应在数量上补充。

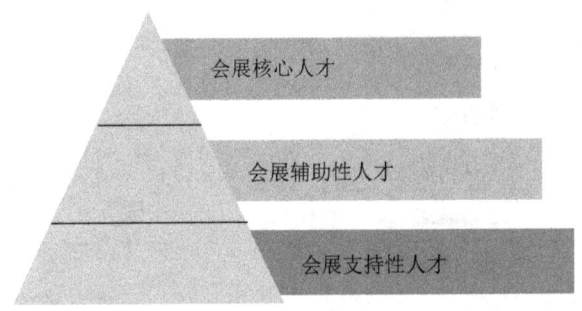

图 2-4　会展行业人才结构

（四）会展行业紧缺岗位类型

一方面，会展行业在我国属于新兴产业，国内在人才供给方面难免青黄不接；另一方面，会展产业链庞杂，人才需求类型多样且跟随行业环境动态变化。根据调研结果，会展策划、会展设计、会展销售、项目运营经理是目前最为紧缺的人才类型（见图 2-5）。

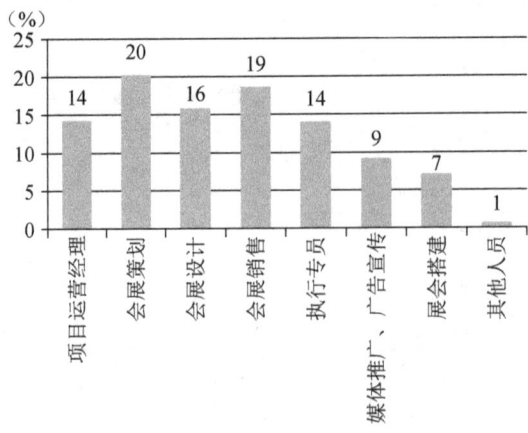

图 2-5　会展企业最为紧缺的岗位类型

二、会展行业技术技能人才规划和需求情况

(一) 会展行业技术技能人才规划

会展行业相关文件《进一步促进展览业改革发展的若干意见》中强调本行业应培养适应展览业发展需要的技能型、应用型和复合型专门人才。未来,会展人才的数量和质量是决定会展业发展状况的重要因素,会展业的发展应实施人才战略,加强人才体系建设,不断拓宽会展人才的培养渠道。鼓励职业院校按照市场需求,设置专业课程,增加会展专业招生数量,深化教育教学改革,提高办学层次,培养复合型专业人才。鼓励中介机构、行业协会与相关院校和培训机构联合培养、培训专业人才。同时,创新会展人才开发机制,制定引进高层次人才的优惠政策,鼓励会展行业与国际会展组织或机构合作,吸引会展策划师、设计师、高级项目经理等一批会展领军人才和高层次专业人才。

(二) 会展行业技术技能人才需求情况

在问卷调研与深度访谈基础上,课题组借助"爬虫"技术,对国内知名招聘平台"前程无忧"(www.51job.com)进行招聘信息大数据分析,从而分析会展行业的人才需求情况。在单位时间节点上,以全国省份为搜索范围,分别以"会展""会议""展览""活动""婚庆""节事"为关键词分别获得了 65 771、85 871、65 632、105 818、3568、31 条招聘信息,将上述数据汇总,剔除重复招聘信息,共获得 174 979 条招聘信息。

1. 会展行业工作类型需求情况

在"前程无忧"网站进行招聘信息检索,剔除重复信息之后,活动、会议、展览 3 类工作的招聘信息数量分别为 73 330、55 871、36 665(见图 2-6)。由此可以看出,相较于传统会议、展览等岗位需求,活动策划等岗位需求越来越大,会展行业边界仍在扩大。

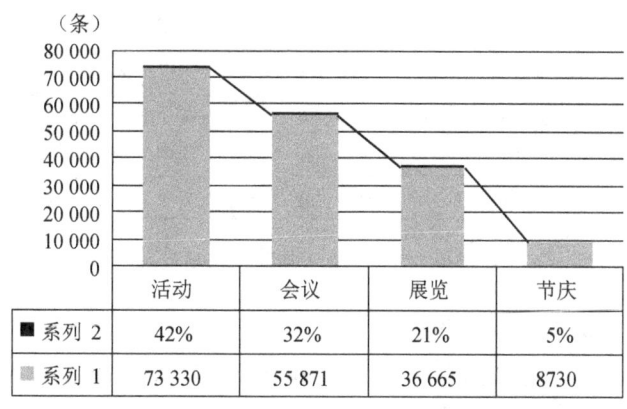

图 2-6 会展行业人才工作类型需求情况

2. 会展行业人才学历需求情况

根据统计数据,共有 117 693 条招聘信息明确提出招聘人才的学历要求,其要求主要集中在高职高专,共有 78 258 条信息要求学历在高职高专以上,占比 66.49%;共有

26 009 条招聘信息要求学历在本科以上，占比 22.1%（见图 2-7）。上述招聘信息说明会展企业倾向于招聘高职、本科学生，部分高层次岗位要求研究生学历，但是比重很小。会展行业对人才学历的需求情况与目前会展行业人才学历现状相符合。

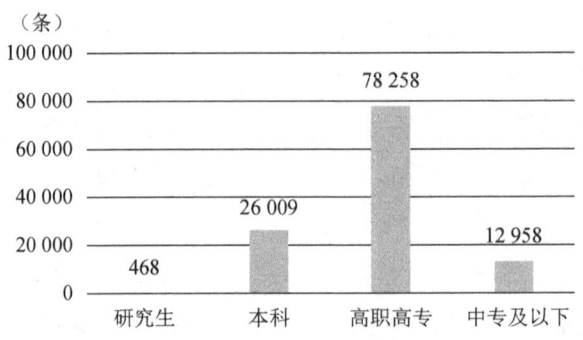

图 2-7　会展行业人才学历需求情况

3. 会展行业人才专业需求情况

共有 11 966 条招聘信息明确提出招聘人才的专业要求，市场营销与工商管理专业占比最高，分别达到 29% 与 28%，说明营销仍然是会展行业的主要岗位。另外，设计、计算机、外语等专业人才受到重视，需求程度分别排在三、四、五名（见图 2-8）。

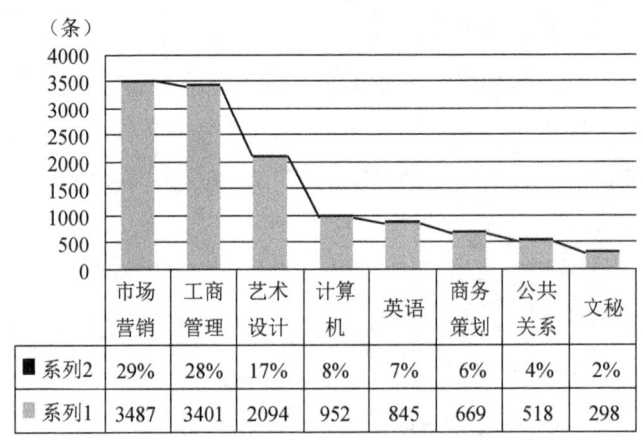

图 2-8　会展行业人才专业需求情况

（三）会展行业从业人员需求量预测

据相关资料统计，2014 年展览行业经营单位 3.49 万家，比 2013 年增加 1.2%，直接从业人员 87.6 万人，比 2013 年增加 1.7%[①]；2015 年展览行业经营单位达到 3.73 万家，比 2014 年增长 6.9%，直接从业人员 96 万人，同比增长 9.6%[②]；2017 年展览行业经营单位达

[①] 商务部服贸司《2015 年中国会展行业发展报告》，2016。
[②] 商务部服贸司《2016 年中国会展行业发展报告》，2017。

到 3.94 万家，比 2015 年增长 5.7%，直接从业人员 97.5 万人，同比增长 8.3%[①]。

根据全国范围内 173 家企业展览、会议、活动三类主营业务从业人员数量比重，得到三类从业人员数量分别占比 39%、27%、34%，据此推算出会展行业 2013—2017 年会展行业直接从业人员数量（见表 2-5）。

表 2-5 展览行业与会展行业直接从业人员数量

单位：万人

年份	展览行业直接从业人员数量	会展行业直接从业人员数量
2013	86.56	221.95
2014	87.6	224.62
2015	96	246.15
2016	90.03	230.85
2017	97.5	250

依据上述二手数据，运用一元线性回归模型，对 2018—2020 年会展从业人员总量需求进行预测（见图 2-9）。

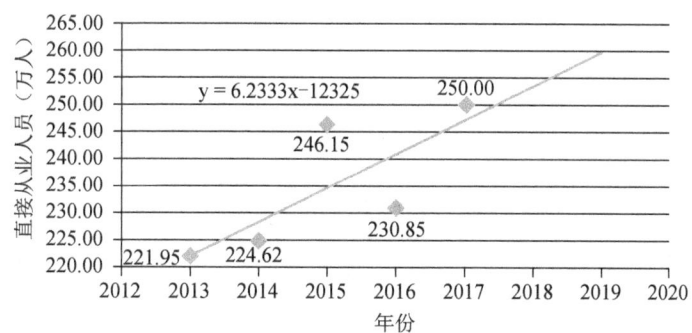

图 2-9 2018—2020 年从业人员总量情况

根据一元线性回归预算模型的系数，2018—2020 年我国会展行业从业人员总量预估数据如表 2-6 所示。

表 2-6 2018—2020 年会展从业人员总量需求情况

单位：万人

年份	会展从业人员总量	会展从业人员增长量
2018	253.80	3.8
2019	260.03	6.23
2020	266.27	6.24

---

① 中国会展经济研究会统计工作委员会《2016 年中国会展行业资本市场发展报告》，2017。

依据173家企业数据，课题组统计出展览、会议、奖励旅游与节事活动三大业态目前从业人员数量比重与各主要岗位人员数量比重，进而预测未来三年展览、会议、奖励旅游与节事活动三大业态从业人员总量与各主要岗位从业人员需求量，如表2-7、表2-8与表2-9所示。

表2-7　2018—2020年展览岗位从业人员需求情况

单位：万人

年份	策划	设计	销售	项目运营经理	执行专员	媒体宣传
2018	23.86	19.09	22.66	16.70	16.70	10.74
2019	24.44	19.55	23.22	17.11	17.11	11.00
2020	25.03	20.02	23.78	17.52	17.52	11.26

表2-8　2018—2020年会议行业岗位从业人员需求情况

单位：万人

年份	策划	设计	销售	项目运营经理	执行专员	媒体宣传
2018	12.18	9.75	11.57	8.53	8.53	5.48
2019	12.48	9.99	11.86	8.74	8.74	5.62
2020	12.78	10.22	12.14	8.95	8.95	5.75

表2-9　2018—2020年奖励旅游与节事活动岗位从业人员需求情况

单位：万人

年份	策划	设计	销售	项目运营经理	执行专员	媒体宣传
2018	14.72	11.78	13.98	10.30	10.30	6.62
2019	15.08	12.07	14.33	10.56	10.56	6.79
2020	15.44	12.35	14.67	10.81	10.81	6.95

三、行业企业职业岗位变化及技术技能人才培养的要求

（一）会展行业企业岗位需求变化情况

1. 营销、策划等传统岗位需求稳定增长

目前，国内会展行业保持良好的发展态势，展会规模不断扩大，会展经济效益持续快速增长。随着会展产业的发展壮大，营销、策划等传统岗位作为会展业的主要职能岗位，其需求将继续扩大。

2. 设计、运营等岗位需求大幅度增加

会展行业多元化发展,其产业链系列化、一体化延伸,涉及更多外延企业,会展设计、会展物流、会展信息服务、网络会展增值等业务出现,必将大大增加会展行业中的设计、运营等岗位需求。

3. 外语、计算机等辅助性技能要求提高

会展行业国际化、信息化扩张趋势明显,随着国际展览增多,会展企业对人才的外语能力要求越来越高。另外,随着移动互联与云计算等技术发展,信息技术已成为会展业一项必不可少的辅助工具,因此,企业对人才的计算机技能提出了更高的要求。

(二) 会展行业技术技能人才培养要求

1. 职业能力的新要求

课题组对11项会展行业相关技能进行测评,对173家企业反馈结果进行权重分析(5表示非常重要,4表示较重要,3表示一般重要,2表示不重要,1表示很不重要),发现11项技能权重均衡(见图2-10),表明会展行业更倾向于全面型人才,只有具备全面的行业知识才能受到企业青睐,从而取得长足发展。另外,展示设计、英语表达、信息技术应用等技能的重要程度排名靠前,上述技能并非会展专业核心技能,却越来越受到企业的重视,表明随着行业竞争加剧、业态结构变化,创意理念、外语沟通与信息技术等辅助、支持性技能越来越重要。

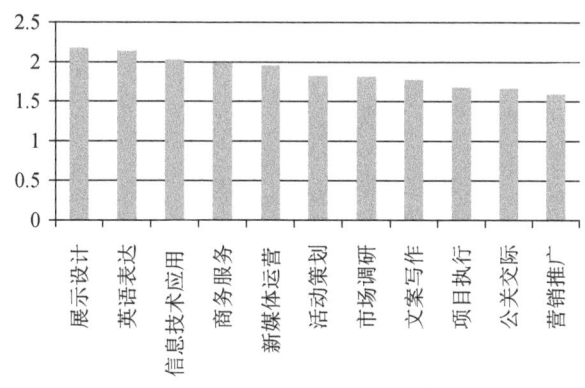

图2-10 会展行业人才专业技能需求情况

针对上述调研结果,调研组对行业企业职业岗位变化及技术技能人才培养的要求进行归纳总结。

2. 职业素质的新要求

第一,品德与职业素养要综合。会展行业中多为一线基层服务性岗位,员工的职业品行与道德都将直接影响到企业的声誉,因此,企业更期望员工具备较为综合的职业素养。团队协作、创新精神、敬业精神、吃苦耐劳等都是从业人员应该具备的素质。

第二，学习与工作态度要端正。在大部分情况下，会展行业对专业技能要求并不高，更希望员工能够适应不同展会的具体要求，及时学习新知识。故良好的学习与工作态度是对会展从业人员的基本要求。

第三，社交与沟通能力要优异。会展行业的工作场所是展会，本质上是一项与人打交道的工作，故社交能力是会展工作的一项必备技能。良好的交际能力能赢得展商信任，促使展会顺利进行，进而才能为公司创造利润。

第三章 会展专业设置与人才培养状况

依据普通高等学校高等职业教育（专科）专业目录（2015年），高职开设会展策划与管理、服装陈列与展示设计、数字展示技术、展示艺术设计、婚庆服务与管理、体育运营与管理6个会展类专业。依据中等职业学校专业目录（2010年修订），中职开设了会展服务与管理、美术设计与制作两个会展类专业。

一、职业院校会展类专业设置与招生就业状况

（一）会展类专业设置和招生就业情况

据高等职业院校人才培养工作状态数据采集与管理平台数据统计，2015年普通高等学校高等职业教育专业目录中包括航空会展、会展策划与管理、广告与会展、会展艺术设计、服装陈列与展示设计、展览展示艺术设计、展示设计、婚庆服务与管理、数字展示这9个会展类专业。2015年经过修订后共有6个会展类专业（见表3-1），其中展览展示艺术设计、展示设计、广告与会展（部分）和会展艺术设计合并为展示艺术设计专业；航空会展、会展策划与管理专业合并为会展策划与管理专业；数字城市技术和数字展示专业合并为数字展示技术专业；新增体育运营与管理专业，由体育服务与管理和体育场馆管理合并而成；服装陈列与展示设计专业和婚庆服务与管理专业保留。

表3-1 教育部高职会展相关专业开设情况

序号	2015年修后	
	专业代码	专业名称
1	640301	会展策划与管理
2	580412	服装陈列与展示设计
3	610209	数字展示技术
4	650110	展示艺术设计
5	690303	婚庆服务与管理
6	670408	体育运营与管理

高职院校会展类专业招生数、在校生数整体呈平稳趋势。2015年226所高职院校开

办会展类专业，招生 9298 人，毕业 7413 人，在校生 25 695 人；2016 年 212 所高职院开办会展类专业，招生 8999 人，毕业 7880 人，在校生 23 647 人。2017 年 288 所高职院开办会展类专业，招生 11 539 人，毕业 9241 人，在校生 30 480 人。近 3 年全国会展类高职院毕业学生数量持续升高，就业率也保持在 90% 以上，如图 3-1 所示。

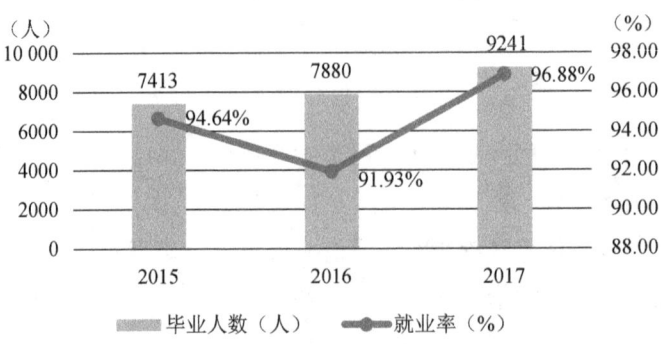

图 3-1 近 3 年高职会展类专业就业情况

根据教育部统计数据，全国中职校会展类专业有 2 个，分别是会展服务与管理专业和美术设计与制作专业，2015—2017 年中职院校会展类专业在校生数、毕业人数整体呈下降趋势，如表 3-2 所示。

表 3-2 2015—2017 年我国中职校会展类专业设置情况

	专业代码	专业名称	开设院校数（所）	招生人数（人）	在校生数（人）	毕业人数（人）
2015	130600	会展服务与管理	42	703	2077	1024
	142200	美术设计与制作	536	23 734	65 970	20 225
	合计		578	24 437	68 047	21 249
2016	专业代码	专业名称	开设院校数（所）	招生人数（人）	在校生数（人）	毕业人数（人）
	130600	会展服务与管理	36	656	2010	906
	142200	美术设计与制作	516	23 115	64 099	19 722
	合计		552	23 771	66 109	20 628
2017	专业代码	专业名称	开设院校数（所）	招生人数（人）	在校生数（人）	毕业人数（人）
	130600	会展服务与管理	32	643	1936	699
	142200	美术设计与制作	525	23 237	62 883	18 868
	合计		557	23 880	64 819	19 567

中职校会展类专业就业率较高。以两所调研中职校为例，上海市曹杨职业技术学校会展服务与管理专业近两年平均就业率为99%。上海机械工业学校该专业的毕业生就业率（包括升学）近几年一直稳定在100%左右。

（二）规模布局

根据行业需求、招生人数及院校开设数量，课题组确定会展策划与管理为会展高职重点专业，会展服务与管理为会展中职重点专业，进行具体调研与分析研究。

从各专业的区域分布情况来看，2017年开设会展策划与管理专业的高职院主要集中在北京、天津、河北、上海、江苏、浙江、安徽、福建、山东、湖北、广东、贵州及黑龙江，占总数的72.4%，如图3-2所示。

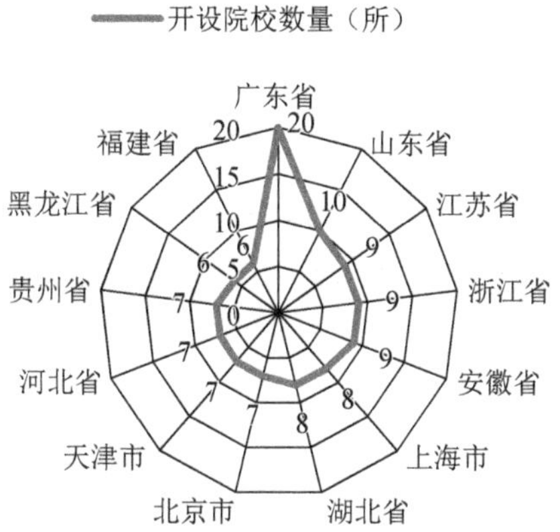

图3-2 2017年全国高职院会展策划与管理专业开设情况

从重点经济圈分布情况来看，2017年珠三角经济圈和长三角经济圈开办会展策划与管理专业的高职院数最多，招生人数同样大幅度超过环渤海经济圈和中西部经济圈，如图3-3所示。

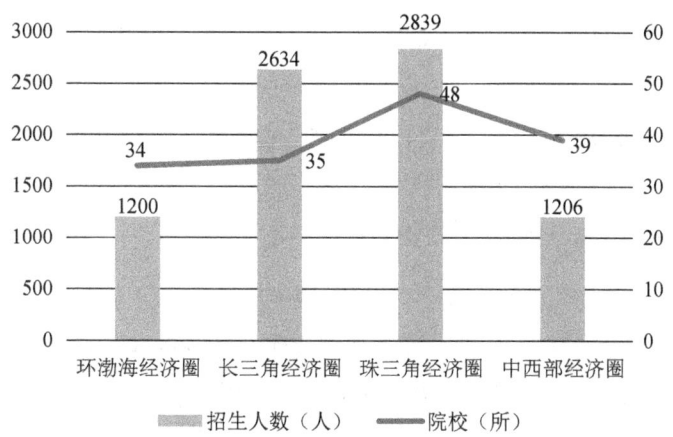

图3-3 2017年会展策划与管理专业重点区域高职院数和招生人数

从各专业的区域分布情况来看，2017年开设会展服务与管理专业的中职校主要集中在上海、广东、河南、北京、浙江及海南，占总数的65.6%，如图3-4所示。

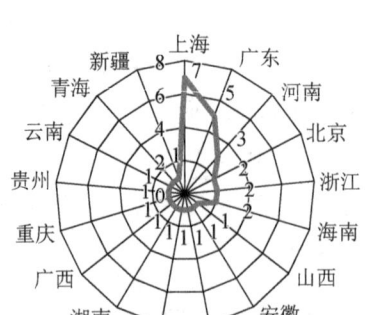

图3-4 2017年全国中职校会展服务与管理专业开设情况

从重点经济圈分布情况来看，2017年珠三角经济圈和长三角经济圈开办会展服务与管理专业的中职校数最多，招生人数同样大幅度超过环渤海经济圈和中西部经济圈，如图3-5所示。

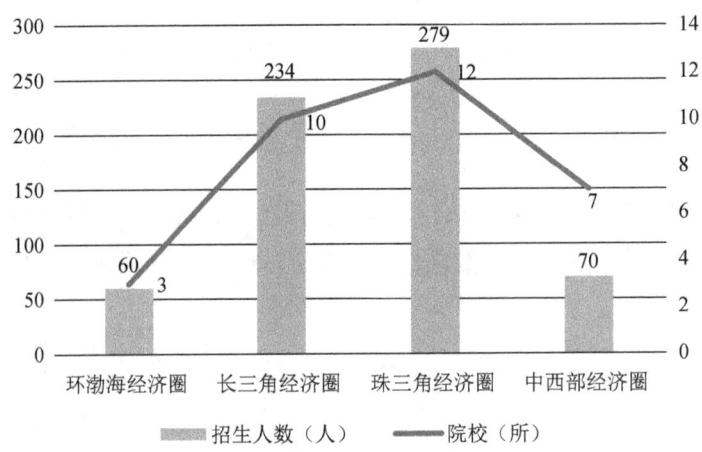

图3-5 2017年会展服务与管理专业区域中职校数和招生人数

二、职业院校重点专业人才培养状况

课题组选择会展策划与管理为会展高职重点专业，会展服务与管理为会展中职重点专业，向环渤海、长三角、珠三角和中西部四大会展经济圈的42所职业院校发放问卷，并实地走访7所高职院及2所中职校，进行深度访谈调研。

（一）培养目标定位情况

通过对9所职业院校的深度调研访谈发现，在培养目标定位上，职业院校强调从会展行业需求出发，注重学生会展基础知识和综合素质的培养。不同于会展高职院旨在培养满足市场需要，掌握会展项目策划运营流程、方法、管理等工作的知识和技能，具备外语沟通技能，能从事会展项目策划、组织与运营管理的高素质技术技能人才，会展中职校更侧重于面向会展行业，培养在生产、服务第一线能从事会展营销、会务接待、公关礼仪、客户服务等工作，具有职业生涯发展基础的中等应用型技能人才。

（二）人才培养方案制订情况

通过对9所职业院校的深度调研访谈发现，55%的调研院校根据《高等职业学校专业教学标准》制订了人才培养方案。人才培养方案制订过程中院校首先进行企业调研，使教师了解并认识、熟悉企业与行业需求，知晓岗位的职责及任务，然后进行课程开发、完善课程体系，明确并规范了专业培养目标、规格及培养的途径，保证人才培养质量。方案详细制定了专业培养目标、职业面向及职业能力要求、从事工作岗位及能力素质要求、职业能力结构要求、能力证书考证要求、专业技能培养要求及相关对应课程、教学进程表等内容。

（三）课程开设情况

在课程开设方面，多数高职院会展策划与管理专业开设公共课程、基础课程、专业核心课程及专业拓展课程，如表3-3所示。其中专业核心课程开设情况如图3-6所示，会展策划、会展营销和会议组织与管理三门课程院校开设比例最高，分别达到97.50%、90%和75%。

中职校会展服务与管理专业同样开设公共课程、基础课程、专业核心课程及专业拓展课程。中职与高职课程内容大同小异，如会展概论、会展文案、会展营销课程等，重复率很高。

表3-3 会展策划与管理专业开设课程

专业设置	开设课程			
	公共课程	基础课程	核心课程	拓展课程
会展策划与管理	毛泽东思想和中国特色社会主义理论体系概论	理学基础	会展策划	婚礼文化研究
	思想道德修养与法律基础	会展经济学	会展营销	网页制作
	英语	统计学基础	会议组织与管理	会展技能竞赛及准备
	体育	会展概论	展览展示设计与布局	新媒体营销
	计算机应用基础	会展旅游	广告与设计	商务谈判
	形势与政策	电子商务	会展多媒体技术	编排设计
	大学生职业规划与就业指导	会展文案	会展项目策划与管理	会展设备与器材管理

续表

专业设置	开设课程			
	公共课程	基础课程	核心课程	拓展课程
会展策划与管理	创新思维与创业教育	计算机绘图	婚庆策划与管理	职业生涯设计
			会展服务礼仪	
			会展客户服务	
			活动管理原理与方法	

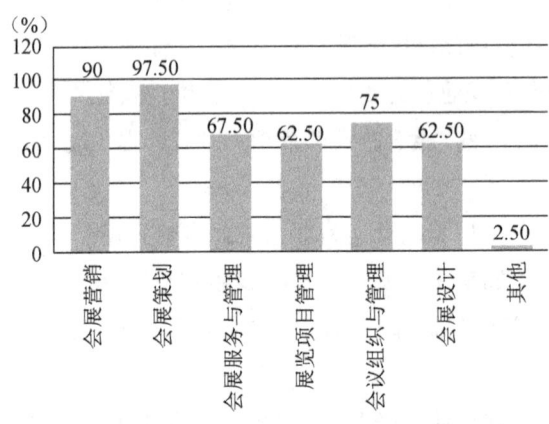

图 3-6 会展院校会展策划与管理专业核心课程开设情况

（四）技能培养情况

在培养学生能力方面，95%的调研学校表示本校会展策划与管理专业着重培养学生策划能力，92.50%强调营销能力，82.50%涉及学生服务能力的培养，如图 3-7 所示。同时调研发现，各学校对于人才培养模式和培养重点不同，其中上海出版印刷高等专科学校强调培养学生策划设计能力，偏向文化创意板块，上海工商职业技术学院将会展与电商结合，强调学生营销与服务能力。

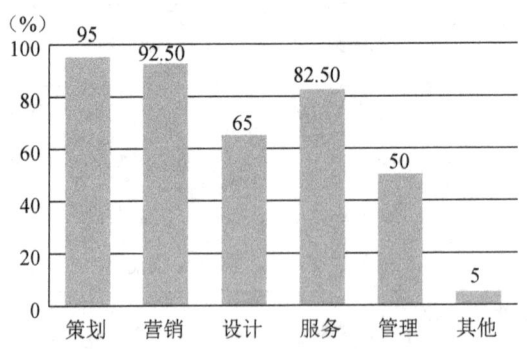

图 3-7 会展院校学生技能培养情况

（五）实习实训情况

在实习实训方面，77.5% 的调研院校实践教学包括课程实训、校内实训、社会实践及校外实习，50% 的高职院实践教学学时占总学时比例小于 50%，两所中职校比例皆小于 50%，会展类专业实践教学比重稍显不足。该专业实践实习实训具体形式包括认知实习、展会现场见习、专业实习实训和毕业综合实习。调研院校会展专业课程实践教学内容相对一致单一，缺乏特色，且实践教学各环节相对孤立。

（六）校企合作情况

在校企合作方面，校企合作的内容主要为现代学徒制人才培养、共建校外实训基地、共同开发课程资源、教师到企业挂职、合作开展课题研究及企业提供兼职教师。其中采取教师到企业挂职及共建校外实践基地的合作形式的院校最多，分别达到 77.50% 和 72.50%。但根据调研情况反映当前职业教育的校企合作的办学模式尚不完善，实践基地每年能接纳实践学生的人数远远小于专业学生数量，企业参与动力不足，如图 3-8 所示。

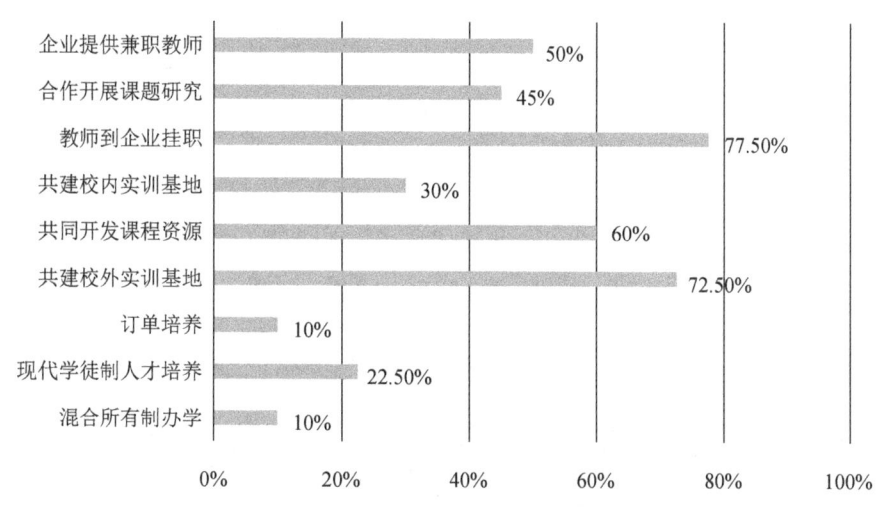

图 3-8 校企合作内容

（七）人才就业情况

在人才就业方面，两所中职校 2017 年会展服务与管理专业就业率达到 99% 以上。7 所高职院会展策划与管理专业 2015—2017 年的就业率趋于平稳，同时平均就业对口率为 65.24%。调查结果还显示该专业毕业生的起薪水平较低，2015—2017 年的平均起薪为 2606 元，如图 3-9 所示。

毕业生主要集中在会展、会议和节事、活动策划企业等。但初始岗位多为一线岗位，根据调研情况反映，公司认为职业院校应届毕业生的岗位胜任能力较低，需要进行实习与入职后的前期培训，学生缺乏对整个会展流程的系统了解，Excel 操作、文本写作等基本技能同样有所欠缺,使其进入工作岗位后缺乏所需经验。

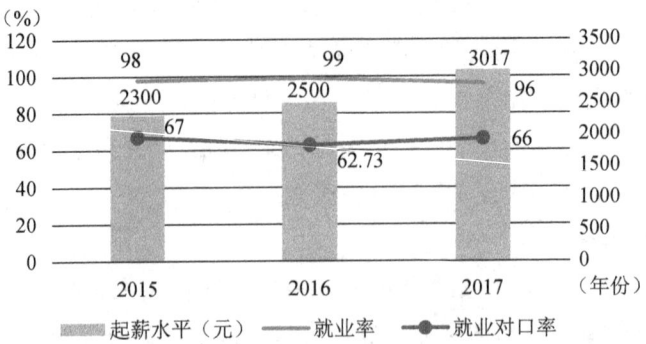

图 3-9 会展策划与管理专业整体就业率和就业对口率

第四章 行业技术技能人才需求与职业院校人才培养匹配分析

一、行业技术技能人才需求与职业院校专业设置匹配分析

（一）专业设置重点突出，但不能适应会展业态新变化

根据教育部统计数据，2017年全国高职院校共开设会展策划与管理、服装陈列与展示设计、数字展示技术、展示艺术设计、婚庆服务与管理、体育运营与管理6个会展类专业，其中开设会展策划与管理的院校占比约为60%；全国中职院校开设会展服务与管理、美术设计与制作两个会展类专业。上述数据一方面体现出职业院校对会展策划与管理、会展服务与管理与美术设计与制作的重视，另一方面也体现出会展类专业同质化严重，缺乏多样性和特色。近年来我国活动产业发展迅猛，快速增长的中国活动市场带来了庞大的活动服务需求，而目前的专业设置缺乏活动类专业。现有专业群并不能满足中高职层次职业岗位群的人才类型需求。

（二）会展行业的人才需求逐年增加，人才供给量远未满足需求量

职业院校会展类专业毕业人数呈上升趋势，然而，由于毕业人数基数小且增幅不大，毕业人数增加有限。但是近年来我国会展产业日趋成熟，产业链扩张迅速，对从业人员数量需求与日俱增。

（三）东部行业人才需求显著高于中西部，大量中西部毕业生涌向东部

从重点经济圈分布情况来看，东部地区对会展人才需求占绝大部分，达76%，东部地区的人才数量缺乏情况更加明显，大量中西部毕业生涌向东部。

二、行业技术技能人才需求与职业院校人才培养质量匹配分析

（一）专业课程体系完整，但核心课程未能匹配岗位能力需求

目前职业院校会展专业课程体系围绕公共课程、基础课程、专业核心课程及专业拓展课程四类课程展开，课程体系较为清晰。其中，会展策划、会展营销和会议组织与管理三门课程院校开设比例最高，分别达到97.5%、90%和75%。但是，目前活动策划、运营管理、艺术设计、计算机技术等岗位需求正在变大，随着市场需求的变化，专业课程难以适

应核心岗位的能力需求。

（二）专业实践教学比重提升，但与岗位需求存在错位

会展高职院校普遍重视学生的动手实践能力，故大幅提高实践课程。但由于时间限制和岗位选择安排等问题，实习岗位安排多为引导、礼仪等基础岗位，学生缺乏对整个会展流程的系统了解，使其进入工作岗位后缺乏所需经验，无法满足企业的上岗需求。同时，实际工作中，Excel操作、文本写作等实用技能属于工作中的基本技能，但是在校学生很少得到这些方面的训练。

（三）校企合作广泛开展，但企业动力不足

学校通过现代学徒制人才培养、共建校外实训基地、共同开发课程资源、教师到企业挂职、合作开展课题研究与企业提供兼职教师等多种方式与企业开展合作，但是目前校企合作立法的软性约束力尚未形成，校企合作存在额外风险、外部激励实效不强、利益交换不平衡等问题，导致企业参与人才培养的程度和动力远远不足，存在明显的"校热企冷"现象。

（四）专业培养技能多样，但与岗位技术技能需求脱节

目前职业院校会展专业围绕公共课程、基础课程、专业核心课程及专业拓展课程四类课程展开，课程丰富，培养了学生的策划、管理、营销、运营、设计等技能。但是，根据调研数据，95%的调研学校表示其着重培养学生的策划能力，92.5%强调营销能力，82.5%涉及学生服务能力的培养，对会展设计、管理能力与计算机技能的培养重视不足。但是随着会展产业链向外延伸，会展设计、项目管理及新技术应用也逐渐成为会展岗位的重要技能，而应届毕业生在这些方面能力缺乏。

会展行业需要大量宽泛的知识理论、策划创新能力、组织管理能力、沟通协调能力较强的专业人才，传统教育模式已经总结出多种教学方式与专业技能。但是在信息技术高速发展、业态结构变化升级的今天，会展专业人才的培养仍拘泥于通识的知识体系与技术能力，不符合会展产业多岗位、多层次、全方位的人才需求，高校所培养出来的会展人才在质量及认可度方面都存在欠缺。另外，缺乏业界前沿性知识和信息的了解，学生所学知识结构不全面，无法满足行业发展的实际要求。

第五章 职业院校专业设置的指导意见与政策建议

会展行业的快速发展,需要大批高素质、高水平的现代化会展人才,近年来,会展职业院校规模迅速增长,为区域社会提供了大量高技能应用型人才,促进了区域经济的发展,但是职业院校会展专业的设置还存在一些问题。本章在专业设置主动对接地方产业、服务区域经济的基础上,探讨职业院校会展专业优化和调整专业设置方面的对策建议。

一、行业技术技能人才供求面临的问题与挑战

(一)专业发展迅速,但结构同质化严重

随着会展行业的蓬勃发展,会展专业成为热门专业,但是我国职业院校会展专业区域布局的失衡说明,不少职业院校设置会展专业时盲目跟从,缺乏严谨的专业调研等环节,尤其是本区域产业结构及自身办学条件,导致会展专业同质化严重,忽视了会展专业设置服务本地区域经济发展的需要。会展专业同质化的专业设置无法适应会展产业链不同岗位的需求,造成部分岗位从业人员的过剩及大多岗位人员的短缺,导致会展产业不同区域内会展产业的实际人才支撑不足。

同时,众多院校并未对会展人才培养模式有深入的探索和研究,各个职业院校会展专业人才培养模式都存在相互借鉴,甚至照搬照抄,缺少特色和创新,缺乏对会展行业人才需求必要的调查研究,办学特色逐渐淡化,无法有效提高专业的质量水平。

(二)专业课程体系完整,但岗位胜任能力不足

目前职业院校会展专业课程体系围绕公共课程、基础课程、专业核心课程及专业拓展课程四类课程展开,课程体系较为完整。但这种以学科知识教育为基础的课程体系始终未能在会展职业院校得到创新和突破,对学生技能和职业综合素质的培养远远不够。会展专业是一个综合性、技能型要求较高的专业,对从业人员的实践动手能力要求较高,学科知识教育并不能达到岗位胜任能力的要求。

(三)专业实践教学比重有所提升,但实践教学环节单一

近几年会展专业实践课程所占比重有所提升,由于目前学制和办学条件限制,以及行业特征,较难在校内开展较充分的实践训练,必须通过寻求校企合作实施实践教学。但是学生的实习岗位安排多为引导、礼仪等基础岗位,并未真正做到"轮岗"。

（四）校企合作形式丰富，但产教融合不足

学校通过现代学徒制人才培养、共建校外实训基地、共同开发课程资源、教师到企业挂职、合作开展课题研究与企业提供兼职教师等多种形式与企业开展合作。但是当前职业教育的校企合作、工学结合的办学模式尚不完善，职业院校对人才的培养质量不高，难以满足企业的需求，学生难以做到真正顶岗，生产效率低下，校企合作不畅，产教融合不足。

二、职业院校专业设置的指导意见与政策建议

（一）拓展会展专业（群）结构，对接区域行业人才需求

目前会展专业区域分布不平衡和同质化专业设置是制约会展专业发展的两大主要因素。会展行业区域发展的不平衡，大量中西部毕业生涌向东部；同质化专业（方向）设置造成部分岗位从业人员过剩及部分岗位人员短缺。基于此，职业院校应主动树立为区域会展行业发展服务的意识，要依据会展产业链岗位需求，合理控制专业规模和结构，大力提升院校专业设置与区域会展业发展结构的匹配程度。要主动布局和调整专业设置，对接行业人才需求，根据区域会展行业的发展规模和特征，合理新增或调整专业或方向，体现专业区域的优势和特色。

建议职业院校会展专业应围绕展览类、会议、奖励旅游与节事活动三大会展领域，针对四大会展经济圈区域经济发展特色和定位，来调整和凝练专业特色和方向，如表5-1所示。

表5-1 会展专业（方向）设置及区域错位发展建议一览表

专业分类	建议开设专业（方向）	重点开设区域推荐
展览类	会展策划与管理、会展信息管理、会展营销与策划	长三角会展经济圈、珠三角会展经济圈、环渤海会展经济圈
会议类	会务管理、会议策划与管理、会议接待与服务	环渤海会展经济圈、中西部会展经济圈
奖励旅游与节事活动类	广告与会展、商务会奖旅游、活动策划与管理	长三角会展经济圈、中西部会展经济圈、环渤海会展经济圈

（二）优化专业核心课程，对接岗位核心能力

职业院校应根据区域行业经济发展现状，深入调研会展职业核心岗位群及其应具备的专业知识、岗位技能和职业能力，剖析岗位核心能力需求，如图5-1所示，调整或重构专业课程体系，建议将活动管理理念融入课程教学实施过程，按照活动管理五大环节，重构以活动管理为主线的课程体系。针对不同会展专业分类，可以设置共通的专业通识课程和专业核心课程，其核心课程一般可设置为5~8门，专业拓展课程和专业任选课程，不同专

业（方向）会有所不同，建议课程体系设置如表 5-2 所示。

表 5-2　会展专业类课程体系建议

课程分类＼专业分类	展览类	会议类	奖励旅游与节事活动类
平台基础课程	管理学概论、经济学概论、会展基础、项目管理		
专业核心课程	会展文案写作、活动管理原理与方法、会展财务管理、会展法规、会展人力资源管理、会展危机管理、会展新技术应用……		
专业拓展课程	展览会策划与管理、参展实务、沟通与谈判技巧、广告实务、会展营销……	会议策划与管理、会展接待与服务、服务心理学、会展礼仪……	公司活动策划与组织、奖励旅游策划与组织、节庆活动策划与管理、体育赛事策划与管理、婚礼策划与组织、演艺活动策划与组织……
辅助支撑课程	场馆经营与管理、摄影与摄像、会展英语、团队领导力、Photoshop、会展融资……		

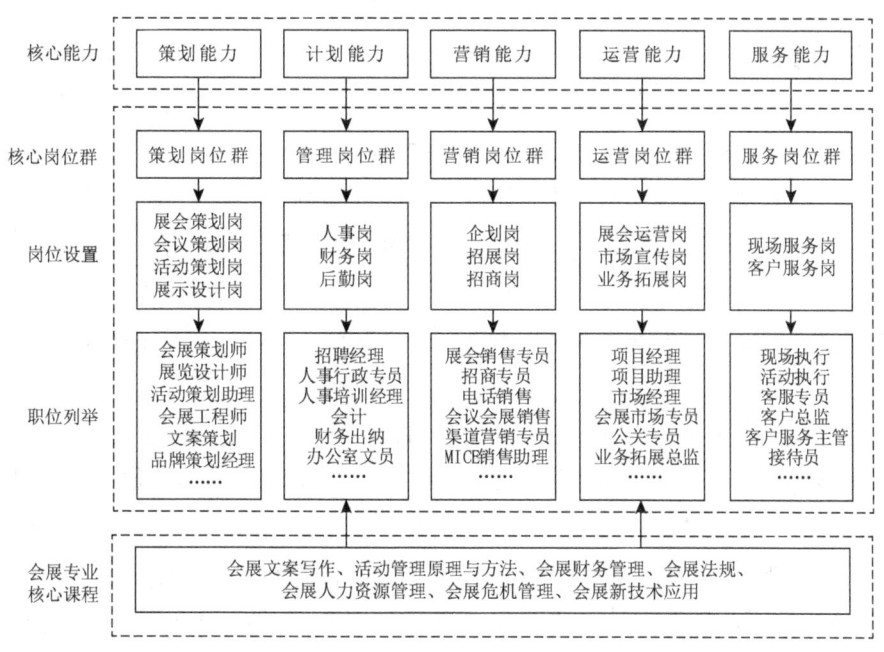

图 5-1　专业岗位技能、核心能力与课程体系匹配图（以展览类专业为例）

（三）搭建校内实践平台，推进专业实践教学模式改革

目前，职业院校会展专业课程实践教学及实践教学各环节相对孤立和单一，缺少基于真实工作过程的多岗位系统训练，专业教学实践与真实会展活动间差异明显。因此，职业院校应基于校企合作实际，在校内搭建或创办有特色的综合实践教学项目或平台，基于项目引领，开展校内课程实践教学。如 2017 年度上海市级教学成果奖特等奖获奖项目"基于中国（上海）星座文化博览会项目实践的高职会展专业一体化教学模式改革"中，申报学校会展专业基于活动管理的理念，打造师生共创的教学实践平台——中国（上海）星座文化博览会，学生依托平台中全方位参与会展策划、招展、观众组织、主题活动筹备、展台搭建、场地管理、现场服务、后勤保障、新闻宣传、财务等真实商业项目运作过程，通过一站式平台提高会展策划创意、设计搭建、多媒体展演和现场管理等实践操作能力。

另外，建议职业院校会展专业继续加大实践教学课时（学分）比例，使实践教学（含课程内实践）总课时（学分）提高至60%以上。实践课时的提高，可以使学生在基于真实工作过程校内实践的基础上接受更多的职业岗位历练，提升其未来职业发展力和竞争力。

（四）开展校企浸入式合作，探索产教融合机制

调研发现，会展企业中大型企业相对较少，会展企业总体以中小企业为主，目前中小企业用人需求旺盛，专业供给和人才需求结构性矛盾凸显。因此，职业院校应深入探索专业共建体制机制，推进校企双方专业共管、师资共聘、课程共建、学生共教、质量共监，互惠双赢。

职业院校与会展中小企业的浸入式合作能够解决专业人才培养的大多瓶颈问题，实现校企双方双赢局面。制订培训计划，有步骤、有计划地提升会展师资技术技能水平。

（五）适应人工智能新时代，探索会展新技术应用

以大数据、云计算为标志的人工智能时代来临，从虚拟现实（VR）、增强现实（AR）到人工智能（AI）的发展，新技术的出现为会展行业带来诸多机遇和挑战。人工智能+会展模式必将成为会展业发展必不可少的组成部分。因此，职业院校会展专业应主动适应行业变化和需求，适时调整专业课程结构和实践教学模式，以适应新技术给专业带来的新的变化。

建议职业院校与企业合作开发虚拟会展综合实践平台，该平台应涵盖虚拟实验实训室、在线课程与教材、在线互动教学资源和学习系统等，学生可以依托该平台更好更直观地了解课程内容，教师可以依托平台设计课程实践环节项目。教师和学生都能够依托平台获得知识，习得技能，实施教学。多元化的实践教学手段必将对学生实践能力和职业技能的提升产生推动作用。在会展专业课程教学中，建议增加新技术（如人工智能相关课程），建议增加虚拟展会相关知识的课程内容。

附录 课题研制组成员及单位

康　年　教授　上海旅游高等专科学校
宋　波　副教授　上海旅游高等专科学校
王国栋　副教授　上海旅游高等专科学校
瞿立新　教授　无锡城市职业技术学院
许忠伟　副教授　北京第二外国语学院
曹娅丽　教授　南京旅游职业学院
刘晓琳　教授　山东旅游职业学院
王庆华　副教授　郑州旅游职业学院
张捷雷　副教授　浙江旅游职业学院
徐维东　副教授　重庆城市职业管理学院
陈文君　教授　广州城市职业学院
娄　芳　人力资源总监　励展博览集团大中华区
屠　明　人力资源总监　上海新国际博览中心有限公司
邵馨宇　人力资源总监　上海市国际展览有限公司
王宝德　规划部总监　国家会展中心（上海）有限责任公司